DIE LIEFDES VADER HART
vir die minder perfekte ek

LOIS

Die Liefdes Vader Hart vir die minder perfekte ek

Kopiereg © 2021 Lois Eerste uitgawe 2021

ISBN 978-0-620-92313-2

ISBN 978-0-620-92315-6 (e-boek)

Alle regte voorbehou

Geen gedeelte van hierdie werk mag gereproduseer of oorgedra word in enige vorm of op enige manier, hetsy elektronies, fotografies of meganies, insluitend fotokopiëring en opnames op plaat, band of laserskyf, op mikrofilm, via die Internet, per e-pos of per enige ander stelsel vir stoor of her- win van inligting, sonder vooraf skriftelike toestemming van die eienaar van die outeursreg nie.

Die skrywer het alles aangewend om toestemming vir die gebruik van kopieregmateriaal te verkry en te erken. Verwys alle navrae na die skrywer.

Geset in Minion Pro 11/13

Gedruk- en bind in Suid-Afrika deur Print on Demand (Pty) Ltd Koetsstraat 5, Parow Industria, 7493.

GEDIG

Sr Lois...
'n Ware vriendin en getroue metgesel,
dit kan iedereen wat haar pad kruis jou vertel.
Vol inspanning smeek sy om genade oor my verkeerde weë.
In haar liggaam en haar gees ervaar sy ander se lyding en hartseer
Deur dik en dun stap sy saam in nood,
met hand in sak voorsien sy ruim;
sit op tafel brood.
Soos 'n rigter van vervloë tyd,
bid sy verborge sondes uit.
Sy ag haar lewe so gering,
met lof sal sy 'n ander hulde bring;
soos 'n engel vir pasiënte in hospital.
Haar woorde genees die kwaad in elke saal.
Soos'n oase in die woestyn
vloei lewende water uit haar fontein.
Soek die Here dan 'n rein kanaal,
gebruik Hy haar om ander uit
moedverloor se vlak te haal.
Mag die Here haar seën in al haar harde werk.
Sy is altyd daar om ander te versterk.
Haar hartsverlange en gebed is
dat die Heer almal se siele red.
Geliefde suster van die Here.
Die suster Lois...
Deborah Will;
mede stryder

1   GESKIEDENIS

Dit is lieflike aand buite, die son het gaan rus en stêrre blink in die donker hemelruim. Net jammer dat so baie stads-liggies die stêrre dof maak. My rug is styf teen die muur gedruk, buite die slaapkamer en ek staar na die swembad se koel water. Dan kyk ek weer op na die hemelruim... my binneste smag na die tyd wat ek nog kon bid en heerlik met DIE VADER VAN DIE HEELAL KON GESELS en Sy teenwoordigheid voel... my binneste smag: "ai as dit net, nog so kon wees."

Die stryd in my binneste is so swaar dat ek teen die muur moet leun vir hulp... die water moet vir my lafenis bring, maar daar is geen troos in niks vanaand. Daar is 'n lied gemaak van psalm 37 verse 1.; *'By the rivers of Babilon where we sat down. Yeah we wept, when we remembered Zion... How shall we sing the Lords song in a strange land'.* Vanaand mis ek Jesus met alles wat binne in my is! Waarlik ek is in 'n vreemde land...

Daar is geen kans vir my nie, ek het die Here verloor en Sy soete Helige Gees... Al wat nog help is my pa en ma se gebede. Ek kla nou en dan bietjie by hulle, dan ervaar ek bietjie lafenis. Hulle sien ook net die tip van hierdie ysberg; hoe het dit gebeur dat ek hier beland het wonder ek; waar het hierdie afdraai begin?

Soos in 'n boek speel dit voor my af. Ek was 21 jaar oud toe ek Jesus aangeneem het as my persoonlike Saligmaker, en alles het verander. My ouers het jare gebid vir my bekering, soos die Skrif dit noem 'jy moet weergebore word'. Dit het ek ervaar en ek het gegroei in Sy gestalte. Daar was baie dinge wat ek moes prys gee, net so baie by gekry. Duidelik sien ek hoe stap ek en Tannie Babs, my geestelike ma. Dit was die week voor sy na haar ewige tuiste by Jesus verhuis het. Ons stap op haar nou paadjie tussen die rose. Skielik draai sy om, kyk my stip aan en sê; "my kind oppas vir die breë pad". Ek was sommer vies in my binneste; daar is dan net Jesus in my pad, wat bedoel sy? Jare later het die skrif vir my oopgegaan... Lukas 7 vers 23 'Geseënd is die wat nie aanstoot neem aan My Woord'. (Amplified) Luke 7 verse 23 "Blessed (joyful, spirtually favored)is he who does not take offense at Me" Jesus self het dit gesê. Nou sit ek waarlik hier getroud met 'n ongeredde man. Sonder Jesus, sonder hoop, het ek maar gewaak en gebid; "Here lei my nie in versoeking nie". Maar 'trots',die grootste vyand van die kruis het my diep verlei. Ek, die wonderlike gelowige wat baie dae neer gekyk het op ander wat so swak is. Ja! Baie dae was ek ook geïrriteerd met baie rondom my wat so traag en sonder ywer,vir Jesus. Vanaand dien hul nog die Meester, en ek sit verlore teen 'n dooie muur vir hulp.

Die atmosfeer in die huis is so dik belaai met woede, ongelukkigheid, ontevredenheid, dat ek nie asem kan haal. Hier buite, so klein bietjie verligting. Die grootste klagte: "Hoe kon pa weer getrou het slegs twee jaar ná ons ma oorlede is? en dit met die vrou wat niks kan doen of kan wees soos ons ma was nie?" Ure word daar gepraat oor hulle ma. Berigte word in die koerant geplaas en hy behaag hulle net om in hulle guns te bly.Dit is gepubliseer in groot letters; "Huweliks- herdenking" in die koerant. Hoe lief hy nog vir haar is, sy vrou, nou drie jaar oorlede . Die koerant word by my werk ook gelees, in die teekamer. Party lag, party kry my jammer, party maak openlike aanmerkings "liewer jy as ek, ek wil nooit in so 'n huwelik wees nie!"

Ja, vanaand hoor ek die telefoon-oproep in die Karoo wat nou, vanaand, teen my getuig! Ek was daar vir 'n Kersfees en soos altyd, het pa die Here vertrou vir Woord, want dit is al tyd wat hy het om nog iets van,daar by ons te kry. Ernstig bring hy die boodskap: "watter stêr volg jy vannaand… die stêr wat na Jesus se krip toe lei,of hierdie stêr wat so verskiet in die Karoo ruimtes. Jy kan mos sien hoe brand hy uit… amper asof hy val… sy lig raak weg." Op daardie oomblik toe lui die telefoon en dit is my verloofde, nou my man. Ek was toe nog by Jesus of ek het darem nou en dan nog Sy soete stem gehoor. Toe die foon lui, weet ek hierdie saak is 'n verskiete stêr saak. Met ouers vra, pleit my ma "sussie jy was nog nooit getroud, jy wat so vrye lewe het.Sien jy kans vir 'n man met twee kinders?" (Seun toe 21 jaar oud en dogter 11 jaar oud). "Ja mamma ek sien kans!"

Pa praat toe niks, hy het klaar gepraat, 'n tyd gelede… "Sussie wat maak jy met die Skrif wat waarsku, 'n gelowige kan nie in juk saam met ongelowige trek nie ?". "Pappa, dalk bekeer hy ook." Pa antwoord weer rustig, dog baie ernstig. "Die Skrif noem mos ook, wie sê hy gaan bekeer?" 2 Korinthiers 6 vers 14 (AFR83);"Moenie met ongelowiges in dieselfde juk trek nie.Hoe kan daar vennootskap wees tussen lig en duisternis?" 1 Korinthiers 7 vers 16 ;"Jy,vrou,weet immers nie of jy jou man sal red nie." Pa het oorgegee vir Sy Meester... As jy nie wil hoor gaan voel dan, en voel ek nie vanaand hoe my koppigheid my 'n pak slae gee nie...?? Vanaand sien ek so tussen die stêrre, hoe mamma vertrou, die trourok sommer die Vrydag by Foschini gaan koop en Vrydagaand nog genoem: "Die Here kan nog hierdie huwelik stop!"

Ek sien hoe swaar gee pa my af op my troudag. Mamma se arms hang so swaar ,asof sy diep belas is. Net die Meester, sien die diepte van die smart as jy toe kyk hoe jou kind die grootste fout van haar lewe maak. Dit was meer soos 'n begrafnis vir hulle, selfs vir my was dit nie so 'n wonderlike dag nie. Ek het geweet ek maak 'n fout. Ek het gesmag om daaruit te kom, maar dit was soos toue wat my gebind het en gehou het by hom.

Ek het vandag ontdek, daar was waarlik toue wat my gebind het!! In desperaatheid met skoonma gepraat, hoe vreeslik onaangenaam dit is in 'n huis met 'n man en kinders wat jou nie daar wil hê nie. Ek mag niks van my skilderye of my goedjies ophang nie, dan is daar groot ongelukkigheid. Alles hier moet bly soos dit was, selfs die etes en kos gewoontes. Gelukkig was daar 'n bediende wat geleer was na hulle hand. Selfs sy het net die nodige met my gepraat. As ek die deur oop stoot, is dit asof alles verander. Stilte sak toe op die huis. My man is maar min daar... dis soos hy maar altyd geleef het; sport, sport, en dan nog die sosiale deel, ná die sport. Dit het ek nie geken nie; dat my pa ooit 2vm of 3vm huis toe kom,op gereelde basis! Skoonma antwoord my met groot selfvertroue: "nee my kind ek is 'n baie goeie waarsêer", en sy het na 'n moslem waarsêer ook gegaan en hulle het iets gesê van jy sal 'n sprokies-huwelik hê, en dat die siekte wat jou ma het, is nie terminal."Spraakloos stap ek weg van die foon, so dit is hoekom ek nie voor die troue kon los kom nie. Die desperaatheid was nou baie groot. Ek ken nou niemand wat bekend is met hierdie bose magte, en om dit te kan beveg, in Jesus se Krag nie. Ek weet nou hoe het Simson gevoel toe al sy krag weg was.Rigters *16 vers 20; "En sy sê :Die Filistyne op jou, Simson!En toe hy uit sy slaap wakker word,sê hy:Ek sal vry uitgaan soos die vorige kere en my losruk.WANT HY HET NIE GEWEET DAT DIE HERE VAN HOM GEWYK HET NIE.*

Ek het vandag groot geskrik! Ek het al gehoor dat dit bindend, in jou lewe is. Dat jy die goed moet af-sny, in Jesus Naam. Vanaand kan ek nie bid nie, en ek besef dit is hoekom ek nie kon los kom nie.

Simson se oë was nou uit... Twee dae na die troue het die stêr verskiet! My man was soos een wat my nie naby hom wou hê nie. Ons is eers later op die wittebrood, wat baie onaangenaam was... my eerste huwelik!

Hy wil net terug of vis vang; praat net die nodige. Die stêr het verskiet, want die duiwel wat hom so verlief op my gemaak het; om my te vernietig; het klaar sy slag geslaan. Johannes 10 vers 10 *"Die dief kom net om te steel en te slag en te verwoes. Ek het gekom, dat hulle lewe en oorvloed kan hê. Het.* "Verdra my asseblief; ek moet die waarheid skryf om die wat dit lees te waarsku hoe erg is dit om die Meester se waarskuwings te minag... 'n Bitter prys om te betaal en wie weet of jy dit sal kan vat?

My gemoed is vanaand te swaar vir my om te dra. Ek was nog nooit in sulke omstandighede nie. Ek hoor sy stem deur die oop venster; "Kom in, vrou, jy het lank genoeg daar buite gesit". So swaar soos tien berge,se gewig op my, staan ek stadig op en gaan die huis binne met geen hoop in my binneste.

Die volgende oggend kry ek 'n oproep van my ma, "Sussie, wat gaan aan? wil jy nie maar praat nie? Ek en Pappa het heel nag gebid vir jou; ons voel jou stryd aan." Die gebede van ouers het geen berekende waarde nie. Dit is meer as goud werd! "Ai Mamma, dinge is nie soos ek dit wil hê nie".

2 TERUG NA DIE VADER HART

In my binneste groei 'n begeerte om net in 'n kerk te kom. Daardie Sondag val ek sommer in by n Baptiste kerkie in die omgewing. Wat 'n ondervinding was dit nie! Ek beskou dit as my afspraak met die Vader van die heelal se Liefde. Daar is 'n besoekende prediker van Amerika en hy bring die boodskap... *NEHEMIA 9 vers 17 : "Maar U is 'n God van vergewing, genade en barmhartigheid; lankmoeidigheid en goedertierenheid, en U HET HUL NIE VERLAAT. 18. SELFS TOE HUL 'n GEGOTE KALF VIR HUL GEMAAK HET...19. HET U IN U GROTE BARMHARTIGHEID HUL TOG NIE VERLAAT IN DIE WOESTYN NIE*

Ek het die goue kalf self gemaak met my eie planne. Hulle het die goud gevat wat hulle uit Egipte saam gebring het en met hul eie goed die kalf gemaak. Ek het net so om die dooie afgod gedans. Die huwelik moet nou vir my 'n lewe gee, terwyl ek die volle lewe van Christus gehad het. Ek het die volle liefde van Jesus geken, toe verruil ek dit vir 'n aardse man se liefde, wat nou verdamp het! Ek het my liefde op verkeerde plek gesoek.

Die prediker gaan aan deur die Woord verder uit te lê.Exodus 32 vers 19; .."het die toorn van Moses ontvlam,en hy het die tafels uit sy hande gegooi en hulle onder aan die berg verbrysel. Vers 20 En hy het die kalf geneem wat hulle gemaak het,en dit in die vuur verbrand en dit fyn gemaal.Toe het hy dit op die water gestrooi en die kinders van Israel dit laat drink.Verder lees hy; Exodus 32 vers 32;" Nou dan as U tog maar hulle sonde wou vergewe!En so nie ,delg my dan maar uit U boek wat U geskryf het!". Moses gooi die tafels van die tien gebooie neer en hy verbrand die goue kalf , en gaan terug na die Vader se teenwoordigheid en pleit vir die volk. Die Skrif noem dat Moses gesê het "vat liewer my lewe en spaar die volk se lewe". Verder sien ek my pa op gaan na die Vader en pleit vir my siel se behoudenis... en die Vader gee weer die gebooie vir Moses.

Die prediker noem dat hier is mense vandag in die bediening, wat dink hul kan nie weer 'n kans kry nie, jy het teen die wil van die Here getrou met 'n ongelowige, noem hy, tog het die Vader die volk nog 'n kans gegee... hy nooi dan verder "gee vandag jou lewe weer vir die Here... DAAR IS WEER GENADE VIR JOU BY DIE VADER".

Wat 'n soete oomblik! Met my hele hart vat ek die Woord vir my en nooi Jesus weer in my lewe. Ons gebruik nagmaal daarna saam. Die blydskap stroom in my binneste, ek ervaar weer my Hemelse Vader se Liefde, vergewing en aanvaarding. Op die wolke stap ek daar uit, ek voel so lig soos 'n veertjie... Ek druk die prediker se hand en noem vir hom dit was net vir my, en bedank hom.

As die predikant moet weet,wat sy boodskap in my lewe bring!Van satan se aas tot vegter in Jesus; van rooi gehuilde oë tot helder uitdrukking op my gesig, vol van Sy liefde...

Ek stap in,by die huis nog in die wolke... niks maak saak behalwe Jesus se Liefde wat totaal oor my is. Maandag oggend skakel ek my ouers: "Mamma ek het my lewe weer vir Jesus gegee en dit is net soos die eerste keer, ek voel so tevrede en gelukkig".

Al my bybels en christelike leesstof was gebêre in die solder,van die plaashuis. Vol stof bring my ouers vir my alles terug. Alle eer aan die Here!! Soos ek af stof en lees druk ek die Woord teen my vas. Nou is dit my kosbaarste geskenk. Ai Dierbare Here hoe kon ek U verruil het vir die wêreld se orde?1 Samual 8 vers 6;" Maar die woord was verkeerd in die oë van samuel toe hulle sê Soos die volk vir Samuel vra : Gee ons ń koning om ons te rig, en Samuel het tot die Here gebid.vers 7 En die Here sê vir Samuel;Luister na die volk in alles wat hulle vir jou sê,want nie jou het hul verwerp nie,maar My het hulle verwerp om nie koning oor hulle te wees nie. Vers 18 En in die dag sal julle roep vanweë jul koning wat julle vir jul verkies het, en die Here sal jul in die dag nie verhoor nie.vers 19 Maar die volk het geweier om na Samuel te luister en gesê: Nee,maar DAAR MOET ń KONING OOR ONS WEES vers 20 DAT ONS OOK KAN WEES SOOS AL DIE NASIES." Samuel hoor by die Here hoe hulle gaan ly onder daardie koning, maar nee hulle roep, "ons wil koning hê soos almal rondom ons". Ek wou getroud wees soos almal rondom! Terwyl ek gedurig Bybelse advies gekry het: Jesaja 54 vers 5 *"Want jou Maker is jou Man, Here van die leerskare is Sy Naam en die Heilige van Israel is jou Verlosser. Hy sal die God van die hele aarde wees."*

Die tye wat ek die Woord na gestreef het, het die Meester en Vader van die heelal, die blydskap van die Hemele op my uit-gestort. 'n tevredenheid wat die aarde nie vir jou kan gee het my omhul. As jou weg so bepaal is dat jy nie gaan trou nie, kan jy baie gelukkig lewe, ek het dit ondervind. Die Vader kan jou so 'n vervulde lewe gee, dat jy selfs nie eers begeerte na kinders het.

My broer en twee susters se kinders is soos my eie. Hulle gee my die grootste genot, hulle het my toegelaat om deel van hul lewens te wees. Daar is ook, baie geestelike kinders wat diep in jou hart in kruip... Jesaje 54 vers 1: *"Jubel onvrugbare wat nie gebaar het nie, Breek uit in gejubel en juig jy wat geen weë gehad het nie! Want die kinders van die eensame is meer as die kinders van die getroudes sê die Here. vers. 2. Maak die plek van jou tent wyd en laat hulle die doeke van jou tent wonings oop span."* Verhinder dit nie..."Ja; as iemand hier lees en dink 'Die Vader het jou af geskeep sonder kinders of 'n huwelik. Ek het ondervinding van 'n hoë gehalte lewe wat die Vader vir jou kan gee, soos jy jou nie eens kan voorstel nie; ek het dit ondervind. Vandag nader ek die sestigs en ek het geen kinders van my eie nie, maar ek het so baie kinders; geestelik en die familie, dat ek soms vir ure moet bid dat die Heilige Gees moet lei, daar waar hulle ouers nie van weet of by kan wees nie. Dit is dan wat die Meester die geheime aan my openbaar.

Hoe om in die geheim te bid en te stry en hulle geskiedenis op my knieë te verander tot Sy plan.

O daardie eerste Sondag, ná ek my nuwe Lewe in Christus weer terug het, stap ek trots uit die huis met Bybel in my hand. Dit was asof my lewe weer begin het; woorde kan dit nie beskryf nie, die Meester het my weer 'n kans gegee! Sy Bloed het my weerstrewige sondes vergewe, my eie sinnigheid; Hy het my ongehoorsaamheid met Sy Bloed weggevee. O die soete ervaring as jou sondeskuld van jou skouers afgelig is. Die drukking van wat jy jou ouers aangedoen het deur teen die Here se wil in te gaan. Vriende het gepleit, maar die 'eie ek' het net voort gegaan... Die 'eie ek' lê nou verpletter teen die grond, en hier kom die Magtige Vader arms en kom tel die ongehoorsame kind weer op en blaas Sy Lewe weer in haar. Krag om aan te gaan... Lewe in oorvloed... Lewe uit die hemel bruis weer in jou are; jy kan weer bid en Hy hoor jou en antwoord jou. Die vyand... die ou duiwel... kan nie meer oor jou loop en jou verniel nie. Daar is nou 'n Hoë priester 'Jesus

Christus' wat bid vir my en my leer die vyand te weerstaan. Wat 'n wonderlike Vader wat die aarde geskape het in sewe dae. Hy is nou my Herder en dra my deur al die gevare.

Stadig pak ek die pad aan; ek moet versigtig wees; ek is nog op die vyand se terrein.

3 TWEEDE KANS NOU WERKLIKHEID…

Die eerste gedagtes wat na my toe kom in 'n sagte stem met groot Vrede en blydskap hoor ek dit duidelik : "Hissop takkie", net dit. Ek besef dit was die Heilige Gees se stem. Opgewonde begin ek soek in die geskrewe Woord wat dit kan beteken? Exodus 12 vers 22; *"en neem 'n bossie hissop en stryk dit in die bloed wat in die skottel is, en stryk dit aan die bo-drumpels en aan die twee deur-kosynne van die bloed wat in die skottel is.Vers 23.want die Here sal deur trek om die Egiptenaars swaar te tref… maar as Hy die bloed sien aan die bo-drumpel en aan die twee deurposte, sal die Here by die deur verby gaan en die verderwer nie toelaat om in jul huise in te gaan om te slaan nie…"*. Meester wat kan dit beteken? Gee asseblief vir my koers en rigting; openbaar aan my deur U Gees wat dit is wat U my wil leer! Ek bid dit met erns.

Soos net die Heilige die asem van die Almagtige deur Sy Gees kan blaas! ,begin ek verstaan. Deur die eggenote en kinders wat so diep in die donker onderwêreld se dinge besig is, kom die duisternis of die vloek van Egipte, soos die Woord, dit noem; 'elke dag in by die deurposte' van ons huis… Vader hoe moet ek nou maak? bid ek weer in ernstigheid.

Die volgende Saterdag aand, is my man en sy kinders almal uit na 'n rugby wedstryd op Nuweland. Terwyl ek op pad is huistoe van 'n vriendin , kry ek die gedagte sterk dat ek olie aan my hande moet smeer en aan die deure en vensters raak, en dat ek moet bid: "Here seël met U Bloed". Daar is twyfel in my, ek ken nie so iets, maar iets sterker asof ek, gedwing voel, om dit te doen. Ek het later in die Woord op gesoek en by ander gelowiges gehoor hoe Kragtig dit is!! *Exodus 40 vers 9: "Dan moet jy die salfolie neem, en jy moet die tabernakel salf en alles wat daarin is, en dit heilig met alles wat daarby behoort, en DIT SAL HEILIG WEES."*

Die dogter vroeg aand tuis, sy noem dat haar pa later sal kom. Onmiddellik het ek geweet iets is nie reg nie. Later skakel ek my skoonsuster en verneem of hulle nie iets weet, want hy was nog nie tuis nie. Die dogter rus haar kop op my skoot, so verleë, toe weet ek, haar pa kuier by sy vorige meisie en haar familie. Magteloos ,stukkend, verneder, maar tog woedend ,is ek nou. Laat-aand hoor ek motor se deure toe slaan. In my huidige dwaasheid, (*Ek het later darem meer wysheid gekry*), storm ek uit en sien dit is die meisie se broer wat wat hom bring.

"Wat se soort mense is julle wat niks respek het vir 'n huwelik nie"? Blaas ek my vernedering uit... (FOUT!! Later het ek geleer om nooit aan te val of te konfronteer as hulle drank in het of van sulke vuil plekke af terug kom nie)... 'n Sagte antwoord sou beter gewees het. Hulle het eintlik gewag vir my reaksie; of anders gestel... die duiwel wou dit so hê. 'n Geskêl bars los van hulle altwee: "Jy is mal!"... en alle ander woorde wat ek nie hier kan tik nie. Ek ken nie die soort gedrag nie; ek kan nie onthou dat iemand my al sulke slegte goed toe gesnou het nie! Terwyl ons in stap, raas my man aan een, maar toe ons in die huis kom raak hy weer kalm. Die olie , Sy Bloed bind nou daar die duiwel wat in hom gewoed het. Skielik kry hy my beet teen die kombuis se deur; hy sit sy hande om my nek en begin my te wurg van woede... Op 'n manier kom ek los en skreeu: "Ek gaan nou my pa bel dat hulle my moet kom haal!"

Op daardie oomblik was dit die enigste plek waar ek wou wees, in die veiligheid van hulle beskerming en liefde. Terwyl ek my pa bel, en ná my pa geantwoord het, toe ruk hy die foon uit en smyt dit op die vloer sodat ons af gesny word, nog voordat ons kon gesels.

Later, toe raak alles vir my duidelik; ek het nie die agterdeur ge-olie vir een of ander rede nie, toe manifisteer die vyand daar, maar verder kragteloos. Later vertel my ma net so terloops, dat my pa die heel nag verder wakker gelê het. Hy het gewonder wat aangaan? Hy het net gehoor ek groet met 'n "Hello", en toe is daar net stilte daarna... Mamma het hom probeer gerus stel en genoem hoe ek graag rond loop in sentrums en dan bel ek orals van publieke hokkies af en vertel wat ek eet en wat ek doen. Sy het vir hom gesê dat ek seker weer op so 'n uitstappie is. Dit was net verkeerde tyd om nog daar te wees. Ons, daarna nooit weer oor daardie aand se gebeure gepraat nie. Wat moes pa daardie nag op die plaas deur worstel vir sy jongste dogter. Hy het darem geweet, sy is terug by Jesus. 'n Tydjie daarna leer ek die volgende les...

Ek skrik skielik wakker en sien dit is al ná middernag! My man slaap rustig, maar ek weet net ek moet dadelik die voordeur olie! Dieselfde erns dryf my soos daardie Saterdag; iets dwing my uit die bed. Ek smeer olie aan my vingers; (*op daardie stadium het ek net gewone kookolie gehad. Later jare het ek egter eers olyf-olie begin gebruik*). Sonder om verder te dink, smeer ek die deur kosyn, en bid in Jesus Naam dat dit soos Jesus se Bloed ons sal beskerm. Skielik hoor ek voetstappe na die deur toe aan kom, en toe die sleutel wat draai in die slot. Ek hardloop terug kamer toe en hoor dat die deur skielik oop gaan. Dit was sekondes of ek was deur die seun,in die gang oppad,na die slaapkamer,gevang.

My hart klop, doef doef doef, terwyl ek vinnig en saggies in die bed klim. Ek bid en praat met die Meester, hoekom nou? Hoekom so dringend Meester... wat gaan aan? 'n Paar dae gaan normaal verby. Ek gaan werk toe; kom ná werk by die huis, stap reg uit kamer toe. Die dogter was toe so 12 jaar oud, en sy sou soms bietjie met my gesels as sy by die huis was. My man werk laat skofte, of hy is andersins by sport. Sy het toestemming by haar pa gekry en kan dan na hartelus gaan kuier tot watter tyd. Dit het altyd gevoel asof almal uit die huis uit vlug.

Ek kom moeg by die huis aan. Ek bid oppad huis toe, "Ag Meester, gee asseblief dat rustigheid neer daal op die huis." Ek was so gedreineer van al die vyandigheid en onmin daarin. Die inslaap huishulp kom uit haar kamer uit;"Mevrou! Vanaand wil ek met Mevrou praat. Ek kan dit nie meer verdra nie. Die seun praat so lelik van mevrou. Hy sal byvoorbeeld vra of die ding al hier is? wanneer hy na mevrou verwys... Nooit sal daar mooi woorde gebruik word nie, net kras woorde as hy van mevrou praat. Ek vind mevrou so gaaf, ek kan dit nie meer vat,dat hy so praat nie".

Met 'n ; "baie dankie dat jy gepraat het,sal dit uitsorteer", los ek dit eers daar. Ek sien die gordyn is besig om weg-getrek te word van die groot duisternis oor ons. Ek dink weereens aan die opdrag van die ander nag; die sterk dwang om die voordeur te olie. Dit is Vrydagaand, heerlik en rustig, asof Sy vrede oor ons hang. Die vuurtjie brand rustig en sêrretjies skyn so helder. Ons sit sommer buite onder die afdak. Ek swem nou en dan, dit is heerlike somers aand. Die kinders is al twee uit vir die naweek, en die huishulp is ook af, en weg... maar, ai tog! Dit was van korte duur. Soos 'n ruk-wind, ontvlam my man se gees. Soos 'n verkleurmannetjie se kleur, verander sy gemoed, in 'n oog wink se tyd.

Alles is skielik verkeerd, die slaai; die brood, ek is verkeerd... klomp goed toe gesnou. Saggies stuur ek 'n hartseer skiet gebed op; "Meester wat het nou hier gebeur? ek verstaan dit nie, gee my wysheid, waar kom die bose wind nou vandaan?" Ek het nog nie eens klaar gebid, lui die telefoon. Ons het toe nog meestal die huis-telefoon gebruik. Dit was die seun; hy verlang sommer net; antwoord hy, (die seun kuier by sy verloofde in na burige dorp).

Ek begin verstaan. Daar moét 'n manier wees, wat jy jou gedagtes kan uit stuur of 'n manier dat jy twee drag kan uit stuur, as daar jaloesie is. Ek dink dit moet iets soos toormagte wees want hy, die seun, was dan net nou nog hier, dit moét van hom, kom... Die braai vleis staan koud, niemand is lus vir eet nie. In diepe stilte gaan ons bed toe, een ding weet ek nou, iets boos is aan die werk deur die seun teen ons huwelik. Nog 'n week breek stil aan, slaap; eet; bid; werk. Die lieflike geur van Jesus se vriendskap dra my deur en gee my die krag om die bul by die horings te pak. Terwyl ek merk dat my man in goeie stemming is, noem ek vir hom van die seun se lelike praat teenoor my en ook agter my rug, en dat ons nie so kan woon onder een dak nie. Ons twee stap na sy kamer wat altyd toe is, en die swaar 'Metal' musiek, doef doef net. Baie senuweeagtig stoot my man kamer-deur oop. "Seun... kan ons praat?"

Ja, die seun voel hy hou net nie van my nie en klaar. Ons almal stem saam dat ons daaraan niks kan doen nie. Hy het wel om verskoning gevra. Waarlik, waar!!... Ons stel vas dat, dit al van die Sondag, voor ons troue ... sy oë was geswel,daardie dag.Sy suster vertel, hy was by ma se graf en het sy hart uitgehuil. Dit was nooit vir ons genoem, of vir sy pa dat ek hom nie aanstaan nie. Ek het maar gedink hy is so stil, hy was 22 jaar oud en verloof. Dit het nooit by my gekom om hulle te vra, hoe voel hulle oor ons troue nie. Ek het wel 'n paar weke gelede 'n oop gesprek met die dogter gehad.

My eggenote het besluit dat hulle nuwe kaste in hul slaapkamers moet kry, voor die troue het hy 'n braaiplek laat aan bou en nuwe kaste in hoof slaapkamer. Die dogter se kamer was eerste gedoen , het te pragtig gelyk. Vlytig pak sy alles reg. Daarna was dit die seun se slaapkamer se beurt... Die kaste was regtig oud, toe hulle ma geleef het, was daar nie die ekstra inkomste vir sulke dinge nie. Die maandelikse roetine uitgawes het die hele inkomste op gebruik. Nou is daar mos die erf-geld en ruim voorsiening kan vir die soort dingetjies gemaak word.

Hy was gevra om sy kaste leeg te maak, voor hy vir die naweek na sy verloofde gaan. Ek was die Vrydag af, en die seun het sommer direk van sy werk af deur gery na sy verloofde. Die werkers klop aan om die nuwe kaste te installeer, maar, sy kas nog vol... hy het niks uit gepak nie! Die dogter help my toe gou uit pak om die kaste leeg te kry. Die vieslikste pornografie moet ek daar uit haal, ek pleit net Jesus hou my rein. Ek vra vir die dogter: "Ek verstaan dit nie. Julle pa wil net vir julle ook help." "Tannie; ek verstaan my broer; ek het ook so gevoel.

Toe my ma gelewe het, was daar niks van die soort goed gedoen nie. Dit is slegs van dat tannie hier is, wat dit nou gedoen word." (*Net 'n stukkie raad as iemand wat hier lees dalk in 'n tweede huwelik met kinders in gaan!*)

So, dit verklaar baie dinge en sy vyandigheid ook? Koue rillings gaan deur my en hoendervleis slaan op my vel uit... 'n C.D houer lê op die vloer voor my voete, asof ek dit net moét raak sien, die titel; 'The lie of John 3.16' So, iewers is hy besig met die okkulte donkerwêreld. "O HERE HELP MY! bid ek saggies." Die dogter sien waarna ek kyk en noem vir my, "Ja tannie, hy het baie kragte. Van sy vriende gaan sommer so uit hulle liggame uit. Ek kan ook met my kragte, bulbs van die ligte laat fuse". So, dit is dan hoekom ek die kas moes uit pak; sodat ek die geheim kan ontdek. Ja Abba Vader het geweet, dit is hoekom ek moes deurkosyne olie... dag en nag. Soos die Woord skryf, "*sodat vloeke van Egipte jou nie kan tref, smeer bloed van die lam aan deur kosyne*".

Met 'n "O, is dit?" stap ek uit om asem te gaan skep. My bene voel lam onder my, ek het al gehoor van die duiwel aanbidders, maar het geen ondervinding daarvan nie. Ek weet net Johannes 3 vers 16 is mooiste skrif: "*Want so Lief het God die wêreld gehad dat Hy sy enigste seun gestuur het*"... as jy na musiek luister, wat dit 'n leuen noem... is jou hart vêr weg... verdwaal. Die huishulp vra vir my, wat is fout? Ek noem vir haar van woorde op C.D. Sy voel dit beteken niks nie, maar ek het onrus in my binneste!! Hier is groot gevaar, maar brawe ek het mos vir ma gesê ek sien kans vir die huwelik! Ek het nie geweet wat was die verskuilde plan van satan... en dit was om Jesus Christus se lewe totaal in my te vernietig...

Nog met 'n vol gemoed en met baie vrae, kom ek uit die christelike boekwinkel gestap. Ek kan nou nie eers dink hoe ek by hierdie winkelsentrum uit gekom het? Dit was asof iets my net gelei het vanoggend, tot nou nog het ek niks geëet nie. Iets weerhou my van kos, (*Ek het later meer geleer van vas en bid*). Die boek het nou so uitgestaan dat ek dit sommer gekoop het. Ek kan nie wag om dit te lees nie en gaan sommer by die eerste koffie-winkel in. Ek weet niks van die skrywer of die boek nie, maar binne in my woed daar 'n haastigheid. Ek kyk weer na die titel '*He came to set the captives free*' van Rebecca Brown as die skrywer. Ek sien dit gaan alles oor die okkulte, en hoe die Here gehelp het met Sy Bloed en Sy Naam. Ek lees aandagtig en sien baie van die dinge wat ek nou ervaar het.

Daar is 'n lied wat ons baie sing: *"Net Jesus en jy sal op hierdie weg gaan"*. Waarlik nou het ek ontdek hoe Sy Gees jou kan lei, tot by die regte HULP. Ek verslind letterlik die Kennis van daardie boek, my grootste begeerte, dat ek eendag vir haar kan ontmoet, haar ervaring en leering het my lewe gered.{ek het haar deur internet gekontak en bedank, 2018. Sy het self terug geskryf!Die Here het my begeerte vervul.} Maar bo alles staan Jesus en die Vader se liefde uit, vir hierdie onervare en onkundige dogter van Hom. Daarom noem Ps 18 vers 35 *"HY LEER MY ARMS OM OORLOG TE MAAK.sodat my arms 'n koperboog span."* (Natuurlik teen die bose geeste en magte in die lug). Ek steek die boek weg, onder ander boeke, want die vyand was nou baie kwaad, sy werke in Jesus se Lig.

Ek het ook boeke voor my bed van die wederkoms, en dan my Bybels. Die kinders het die gewoonte, soos hulle nog al die jare gedoen het,om ons stort te gebruik. Terwyl die seun deur stap, pyl hy op my kant van bed af, en loer boos na die boek, wat ek lees, oor die wederkoms. Dit was nog ou boeke, van die solder,af! Ek steur my nie aan sy vreemde gedrag en die vies gesig oor my leesstof nie, en ek lees maar voort terwyl hy daar weg stap en gaan stort

Die volgende dag kry ek 'n dringende oproep by werk van huishulp: "Mevrou, mevrou was reg, die kind moet verseker met die sataniste deurmekaar wees!" Sy klink baie angstig. "Mevrou ek hoor net 'n lawaai in mevrou hul se kamer en, hy besig om die boeke van mevrou, en die Bybels rond te gooi, en hy vloek die Here wat sy ma dood gemaak het, en die Here wat mevrou dien." Ek luister verstom na die bevestiging. "O mevrou ek het so geskrik, en ek het vir hom gesê ek is nou nie so christelik nie maar, hy kan nie die Here so vloek nie. Ek het my oom wat skatryk was gesien voor die kerk deur staan en die Here vloek, en ek het dit vir hom vertel mevrou. My oom het net daarna alles verloor en hy is op straat as bedelaar dood."

(Ja leser dit was waar woorde. Dit was nie 'n week of twee na hierdie gebeure nie, verloor hy sy goeie werk, en kon geen werk kry vir 'n baie, baie lang tyd nie!

'n Christen kolega gee my 'n Bybel dagboek as geskenk, so paar ure na die foon oproep. Ek slaan oop by daardie dag se datum en skrif is Prediker 10 vers 1 "Giftige *vlieë laat die salf van die apteker stink en bederwe..."* Ek sien die Lig! Die magte van die bose wat deur hom werk, soos vlieg in salf. Nou verstaan ek hoekom niks uit werk nie, en waaroor daar gedurige ongelukkigheid en tweedrag in my huwelik is.

Die vlieg, maak salf wat gesond is, nou nutteloos.....

Daardie aand, staan ek voor my klerekas, en ek het net iets genoem van die waarheid wat ek nou hier ontdek het. Ek kon nie verder praat nie, toe ruk my man my en gooi my op bed neer, en hy trap my plat met sy knieë en sy hande om my nek om my te wurg. Sy oë lyk so wreed soos ek dit nog nooit gesien het nie! Dit is asof dit nie hy is nie, hy is so sterk en sy oë lyk boos en klip hard. Dit skiet deur my brein dat dit daardie demone van die seun moet wees, wat nou deur hom werk. Hy skreeu "vanaand maak ek jou vrek!" ek sien die bose mag wil my dood maak. Ek kry saggies uit: "In Jesus Naam IN Jesus Naam!" Skielik verswak sy greep en hy los. Ek hoor net hy praat baie hard en sê: "hierdie Here het gedink hy gaan my onder kry met die dood van my vrou; Hy sal dit nie reg kry nie, ek sal Hom wys!" Ek was lam geskrik, nou was ek op 'n nuwe vlak in my lewe en daar is geen om draai nie.

Ek leer in DR REBECCA BROWN se boek, dat as die duiwel so deur mense manifisteer, onthou daardie persoon niks daarvan nie. Ek het die volgende dag met my eggenote gesels en... ja; hy weet niks daarvan nie; "Jy kan darem jok, waar sal ek sulke dinge doen en praat." Ek verstaan toe... dit was bose magte en hy was net as medium gebruik, hulle dade uit te voer. Dit was my eerste ondervinding en les met die soort goed. Die duiwel haat die waarheid. *Johannes14 vers 6.; "Jesus sê vir hom; EK IS Die Weg EN DIE WAARHEID... en die LEWE; niemand kom na die Vader behalwe deur My nie.."*

Min het ek geweet watter dinge ek nog sou leer – soms deur foute en soms deur wysheid. EK SKRYF UIT MY ONKUNDE,BAIE FOUTTE GEMAAK,VERDRA TOG,DIT IS SOOS EK DIT ERVAAR HET. Dit word vir my duidelik, dat ek Geestelike hulp sal moet kry, opregte gelowiges wat die Krag van die Here ken, en saam met my kan bid en stry. Die volgende dag, kom 'n kollega, met wie ek al van tyd tot tyd gepraat het oor die situasie, na my toe: "kan ons kerk se mense kom bid in jou huis ?" "Meester, ek ken hulle nie gee vir my leiding is hulle die regte gelowiges"?

Ek maak die Bybel oop by 1 Kronieke 12 vers 17: *"toe het Dawid hulle tegemoet uit gegaan en gespreek en vir hul gesê: As julle in Vrede na my toe kom om my te help,SAL EK MY VAN HARTE MET JUL VERENIG... vers 18 toe het die Gees, Amsai die hoof van die dertig, vervul en hy het gesê: Vir u Dawid... is ons..Vrede vrede vir u en vrede vir die wat u help, WANT U GOD HELP ONS.DAAROP HET DAWID HULLE OP GENEEM EN HUL AAN GESTEL AS HOOFDE VAN DIE BENDE."* So hier kom dapper vegters in vrede. So dankie Vader dit is U wat hul stuur. Baie ywerig nooi ek hulle en ons besluit saam dat dit in geheim gedoen sal word.

Ons kies 'n dag,wat daar niemand by die huis sal wees. Ek hoor weer die deure wat klap en ek stap uit buite toe en nooi na binne. Dit is mense wie ek nog nooit in my lewe gesien het nie, maar ek voel die grootste liefde en vrede. Verstom kyk ek hoe klim hul uit die bakkie met 'n kappie agterop. Selfs nou loop my trane vir die hulp, wat my Vader, vir my gestuur het.Daar was waarlik nie 'n duiwel waarvoor hulle sou terug staan nie. Hulle ken Christus en Sy opstaan Krag. My hele lewens patroon het verander ná daardie ontmoeting. Hulle was baie; miskien agt of tien, ek kan nie eens onthou nie, maar my nood was so groot.

Eers word daar vir my gebid... Die een suster, kom sit op haar knieë voor my,trek die wapenrusting vir my aan,in geloof ,van *Efesiërs 6 vers 11;"Trek die volle wapenrusting van God aan,sodat julle staande kan bly teen die liste van die duiwel. Vers 12 Want ons stryd is nie teen vlees en bloed nie,maar teen die owerhede,teen die magte en die wêreldheersers van die duisternis van hierdie eeu,teen die bose geeste in die lug."* Sy maak al die bewegings oor my die helm van Sy verlossing oor my hoof, borsplaat trek sy so oor my bors aan met handgebare en wys die belt van waarheid oor my middel en waai oor my voete en trek skoene van vrede vir Evangelie aan my voete. Sy lig my linker hand en wys hoe sy die skild van geloof in my hand sit en swaai met haar hand oor na my regter hand en sit 'n swaard 'die Woord' daarin;. Ek ervaar hoe Krag en Vrede oor my spoel. My lewe was op daardie stadium net een senuwee bol, omdat ek nie geweet het hoe om die vyand te veg.

Ek het nie daarvan geweet, of die Krag daarvan geken nie, Om deur jou huis te stap en in elke vertrek te bid nie. Soos een van die susters in die Here noem: "Dit is soos in 'n boks geveg, die duiwel het gedink hy het u uit geslaan, hy het al by nege en 'n half getel, toe kom Jesus deur ons, en slaan hom uit,en nou staan u weer op, om verder te veg. O en was dit waar woorde!!

Hul stap van kamer tot kamer, en roep die Krag van Jesus se Bloed oor die gordyne, oor die beddens oor die atmosfeer. Nog nooit het ek geweet dat ek kan bid "Meester verander die atmosfeer." Omdat hulle redelik hard gebid het, en hulle 'n ander nasie was, klop die buurman en vra of alles reg is, "Alles is reg ons bid net" en daarna verdwyn hy weer.

Hulle beweeg na die huishulp se kamer, en pleit by haar om Jesus 'n kans te gee in haar lewe. Sy sê dat sy sal... maar sy sal dit later doen... Hulle waarsku haar dat die Meester haar vandag 'n kans gegee het en dat sy Sy genade weg wys vir later wat dalk té laat kan wees. (*Waarlik 'n paar maande daarna dros sy net van werk af en 'n tydjie daarna sien ek met 'n skok dat sy nou 'n straat slaper is en stoot 'n winkel- trollie met 'n paar goedjies,in die strate.*

(Ek het weer met haar gepraat oor Jesus wat haar wil help, sonder sukses.)

Daardie aand, daal daar 'n rustigheid in daardie huis! Tot my verbasing, sien ek die dogter is besig om haar Bybel, wat my ouers vir haar gegee het,te lees. Dit is die Krag van hulle gebede, in Jesus se Naam. Waarlik ons stryd is nie teen vlees en bloed nie, MAAR TEEN DIE MAGTE EN GEESTE EN OWERHEDE IN DIE LIG... (Leser dit is vir elke kind van Jesus, om deur sy huis te bid, en hierdie ondervinding van redding te ondervind. Die wat nog nie 'n kind van Jesus Christus, kan nie vir hulself bid, ons moet intree vir hulle.

4 SUSTER HULP DAAG OP...

Daar is veral een suster in die groep, toe seker al so by die sestig, wat my aandag trek. Ek vra haar of ek haar mag skakel en sy gee, haar nommer. 'n Vriendskap begin, en ek word 'n leering,kry hulp in die Here, soos tot nog op daardie stadium vir my onbekend was.

Ek begin deur haar te skakel en ervaar van die begin af asof ons mekaar lankal ken. Ek ervaar Jesus se liefde met elke gesprek en vind ook oplossings met elke gesprek. Al ons oproepe word elke keer in gebed af gesluit. Die kollega wat my aan die groep voorgestel het, stuur gereeld boodskappe van hulle pastoor... uit 'n opregte pastoor se hart. Ek besoek hulle bediening en vind groot Vrede daar. Ek staan soos 'n naald uit tussen hulle, omdat ek van 'n ander nasie is. Voel bewus dat almal my op let, so hulle gaan vir my bid, hulle sien my raak... Daar heers opregte liefde; 'n familie gemeente; hulle beleef alles saam; die soet, en die sout van die lewe. Ek besoek hulle net nou en dan, maar ek skakel die suster, (ons noem haar suster Hulp), al meer.My vriendinne gewaar groot veranderinge . Hulle wil ook hierdie nuwe Vrede ken en ervaar.Van hulle, asook die een se man neem Jesus aan, as hul persoonlike Saligmaker en Vriend.

My lewe kry nuwe hoogte, ek hoef nie meer voor die venster te sit en wag.Wanneer kom hy van die sportklub af ? As hy uit gaan beweeg ek ook, Daar is net een reël ek moet voor hom terug wees. Soms spring ek vinnig in die bed en maak asof ek al lankal daar is. Die nuwe Lewe in my maak hom baie onseker voel, want ek is nie meer so afhanklik van sy liefde en aandag nie. Hy leef egter nog voort op sy manier, sport; sport, en al die vrolikheid daarna, terwyl ek die trappe van die leer, wat na die Hemel reik, begin klim.

Suster Hulp noem vir my dat dit sal goed wees as ek saam met haar en pastoor se vrou vir gebed gaan, hul noem dit "deur bid", dan bely jy jou hart skoon, voor 'n getuie. Ek stem in en die afspraak word gereël . Dit was wonderlike ondervinding. Die pastoor se vrou lees, uit die Woord dat die Here self, teen jou veg as jy, soos ek,ongehoorsaam en agter die wêreld gegaan het. Dan het ek teen-oor VADER gesondig. *Esegiel 20 vers 36; "en Ek sal julle bring in die woestyn van die volke, en Ek sal daar met julle in die gereg gaan van aangesig tot aangesig."*

Skielik verstaan ek baie dinge beter. Ek was onder die indruk, dat die Here net Liefde is, al doen ek wat, Hy moet my net help. Dit was 'n verkeerde denke... By my werk het dit, daardie staduim baie sleg gegaan. Voorheen het alles in goud verander waar ek gewerk het, die Seën van die Here was op my, maar nou was alles weg. Ek maak foute, ek ondervind baie tweedrag by die werk, misverstande, minagtings, ens. So die Here veg teen jou as jy so Sy Liefde en Beskerming verlaat. Asof die Meester Sy beskerming weg vat, of ek het onder dit uit gestap. Hebreërs 12 vers 28 *"Daarom, omdat ons 'n onwankelbare koningkryk ontvang, laat ons dankbaar wees, sodat ons God welbehaaglik kan dien met eerbied en vrees. vers 29,"WANT ONS GOD IS 'n VERTERENDE VUUR."*

EK het gedink ek ken die Meester, maar ek besef nou, Sy karakter het ek nie geken nie. Die vrees van die Here het ek ook nie geken nie. In Noag se tyd was die Here spyt dat Hy het die mens gemaak het, oor Sy skepping gedurig net bose gedagtes het. Bekering tot Jesus, was my skoon van my sonde, maar dit is net die begin van die pad, het ek nou skielik bewus geword. Nou moet ek nog verlossing van baie van my gewoontes leer ken, maar bo alles moet ek Sy wil leer en ken vir elke oomblik van die lewe. Ek neem 'n ernstige besluit; ek wil Abba Vader se hart leer ken, want al hierdie dissiplines of weg trek van Sy hand oor my of straf, het my nou groot redding gebring!

Ek het van daardie verterende vuur ervaar. Dit was tóg Sy liefde, selfs die hartseer en pyn wat ek nou op myself gebring het uit ongehoorsaamheid. Dit kan nou ten goede mee-werk vir Sy Koningkryk. Nog nooit was ek so ernstig en het ek Sy nabyheid en Krag gesoek soos nou nie... Dit maak my bereid om die prys te betaal, om hierdie Goddelikheid te behou. Asof dit belangrikste bron van my lewe is. Ek besef, ek kan nie 'n sinvolle lewe lei op aarde, as ek nie by Hom bly nie.

Die "deurbid" was 'n wonderlike ervaring en verlossing, hulle kry ook Wysheid, terwyl ons bid en baie liefderyk word genoem, "suster vra ook vergifnis vir 'n dit en 'n dat," soos hulle dit geestelik waarneem. Soos ek bid en my sonde bely, bid hulle: "Here sit dit onder U Bloed en was dit weg." Hulle noem ook vir my dat ná hierdie praat ons nie weer oor die dinge nie, van hier af stap ek nou as 'n vry mens aan.

5   VRIENDSKAP VREUGDE...

Die vriende wil ook nou vir suster Hulp ontmoet, want hulle sien sy is nou deel van my lewe.Ek reël 'n besoek by een van hul,en haar man. Haar man is ook nou by Jesus en suster Hulp aanvaar die vriende van my met groot liefde.hierdie vriendin verstaan ons baie keer nie en dan verduidelik suster Hulp aan haar die Goddelike dinge,kinderlik. Ek ervaar geweldige krag as suster Hulp praat asof sy 'n ander mens is; asof respek op jou afgedwing word, asof die Here nou hier is. Ek besef weer hoe baie Wysheid ek moet hê,om nuwe bekeerlinge te help, ek is slegs twee treë voor hulle.

Vriendin,al so 5 jaar getroud. Ek sal nooit hulle troudag se boodskap vergeet,die tema;Jesus verander die water in wyn. Die Prediker het verduidelik dat hulle daardie dag trou in verliefdheid, maar dit is soos die eerste wyn wat op raak, dan het jy 'n wonderwerk nodig om water, *(met verliefdheid wat nou weg is)*, in wyn te verander. As jy dan na Jesus gaan, dan doen hy dit en spaar die beste wyn vir laaste!! Dit was waarlik hulle huwelik, toe Jesus in stap was die wyn op, en hulle het 'n wonderwerk nodig gehad.

Soos haar man progressief groei in Jesus, kry sy nuwe respek, vir hom. Maandae gaan hy uit, saam met die Evangelie span. Arbei verlore siele op straat in spanne met Die HERE se leiding.Dan kom hy baie gelukkig tuis, iets wat hulle verloor het. Waarlik, as jy jou huwelik vir Jesus gee kan hy die vaal plekke blink op vryf, soos 'n koper pot. Ons stap die pad saam met hulle en bid gereeld saam. Ná kerk Sondae kom almal by my huis bymekaar vir koffie en verder gesels ons oor die diens, ek leer ook baie. My man hardloop weg, want hy is bang vir die nuwe lewe wat hy tussen ons sien, want hy het almal vooraf geken, en sien nou hulle nuwe lewe hier. Dan bel hy van sportklub af: "Is die klomp nog daar?" dan gee ek nou 'n antwoord ja of nee, voor hy sal besluit wanneer hy kom.

By geleentheid, kry suster Hulp Wysheid, dat die een broer 'n wit bakkie gaan kry. Op daardie staduim was sy bakkie baie oud. Weereens was dit die Here se Wysheid, want net die volgende week gee sy werkgewer vir hom wit bakkie om mee te ry... onbepaald.

'n Week later, vra die werkgewer egter weer die bakkie terug. Ons kan dit nie verstaan nie en het gaan bid... Jakobus 1 vers 6. *"Maar hy moet in die geloof bid, SONDER OM TE TWYFEL;want hy wat twyfel,is soos 'n golf van die see wat deur wind gedrywe en voort gesleep word,vers 7 Want die MENS MOENIE DINK DAT HY IETS VAN DIE HERE SAL ONTVANG NIE vers 8. SO N DUBBEL-HARTIGE MAN, ONBESTENDIG IN AL SY WEË."WAT IS GELOOFS GEBEDE DAN?* Dit begin duidelik word; as daardie twyfel ná die gebed kom: "Meester, ek prys U, vir dit wat ek nou nie sien." Verder, moet ek let op hoe ek praat, as ek klaar gebid het oor die saak moet ek glo: "Meester is besig om saak op te los"... al sien ek niks.

Ook konsentreer ek om nie oor en oor vir dieselfde ding te vra in gebed nie, want dan glo ek mos nie. Meester het mos die eerste keer gehoor toe ek gevra het, en die proses vir die oplossing is in werking...

Ai, sulke basiese dinge tog so kragtig. Ek begin ook briewe vir Jesus skryf, van wat ek nodig het, dan maak ek SY Woord oop en skryf daardie Skrif by my versoek, en sit dit onder die matras van bed.

Verbasend hoe eer die Vader geloof. Hebreers 11 vers 6; *"en Sonder geloof is dit ONMOONTLIK OM GOD TE BEHAAG; WANT HY WAT TOT GOD GAAN, MOET GLO DAT HY IS EN 'n BELONER IS VAN DIE WAT HOM SOEK".*

Ek het wonderlike lesse uit die bakkie geleer. Ek hoor suster Hulp getuig dat sy vir 'n ernstige saak gebid het. Sy sê hierdie woorde; "my suster, ek het nou in getree vir die ernstige saak, met geen twyfel in my, soos die Here vir my gehelp het in verlede in donker benoudheid so gaan Hy hier ook in gryp."

Sy leer my ook dat ongeloof 'n sonde is, want ek betwyfel Abba Vader se vermoë en Krag. "Ja, Here vergewe my my ongeloof... was dit af met U Bloed, herstel my en gee my die geloof wat U in U Vader gehad het terwyl hier op aarde. U het nie een oomblik getwyfel nie. amen."

Suster Hulp het 'n wonderlike kinderlike manier om met mense te werk... asof sy onder jou probleem in klim en jou oplig; nooit van daar bo af onder toe nie. Dit laat my dink aan Jesus op die berg waar hy sy dissipels leer.

Ek leer ook dat die Heilige Gees jou moet lei vir elke persoon se omstandighede wat anders en uniek is en jy dus moet aanpas oor hoe en wat jy praat. Niks gaan oor jouself nie maar alles rondom die persoon en sy behoefte; (en dit is ook wat Suster Hulp uitgeleef en uitgebeeld het).

Dit is gevaarlik, om in jou eie insigte te werk. Dit kan groot skade verrig en mense skei van mekaar. Sy groot Liefde bly die belangrikste aspek, vir Sy siele of skapies. Sy verduidelik vir my, dat dit baie belangrik is hoe jy die gelowiges of die dierbares aanspreek.

1 Petrus 2 vers 17. *"julle moet almal eer, die broederskap liefhê, God vrees, die koning eer"* Ek leer om mede gelowiges aan te spreek as 'suster X' of 'Broer Y'. Dit wat jy spreek, in die geloof dat sy jou suster (of broer) IN DIE HERE sal bly, en nou Koningkryk kinders is om te bly. Dit is 'geloof-taal' wat jy profeteer oor hulle... die seëninge van die Koningkryk se kinders...

EK het dit gedoen en geleer dat dit 'n groot waarheid is.

My een vriendin, wat ons sommer 'J' sal noem, as afkorting vir Jonathan. Ons was soos Jonathan en Dawid in die Bybel. J was vriende met bo genoemde vriendin en man. J ken ek reeds van laerskool dae af. Sy het dikwels vakansies op die plaas kom kuier, en ek weer, het baie by hulle aan huis gekuier.

Ek het my eerste huis gekoop, toe ek al in die dertigs was. My pa het so aangehou: "sussie jy moet 'n huis koop vir jouself. Jy sal tog nooit trou nie; jy is te lief vir rond ry." Ek verduidelik aan my pa dat ek nie genoeg finasies het om te kwalifiseer vir 'n huislening nie. 'n Tydjie daarna bel my pa; "sussie, gaan vra jou matrone vir verhoging sodat jy 'n huis kan koop anders moet jy terug na die staat waar hulle vir jou 'n huis-toelae gee. Ek kan nie altyd na jou kyk nie; iewers moet ek na my Hemelse tuiste gaan, en wil in Vrede gaan, met die wete dat jy versorg is."

Ek skrik so groot... hoe gaan ek dit vra vir matrone? As pa gepraat het, het ek geweet dat dit die Vader se stem was en ek moet gehoorsaam.

Op daardie stadium het ek net vir Jesus gelewe en gewerk. Ek was baie geseënd, want ek het op daardie tyd vlak van my lewe, in die vrees,van die Here geleef, en in totale toewyding. *Soos Matheus 6 vers 32; "Want na hierdie dinge soek die heidene, want jul Hemelse Vader weet dat jul hierdie dinge nodig het.vers 33.MAAR SOEK EERS DIE KONINGKRYK VAN GOD EN SY GEREGTIGHEID, EN AL HIERDIE DINGE SAL VIR JUL BY GEVOEG WORD. vers 34; Kwel julle dus nie oor môre nie, want môre sal hom oor sy eie dinge kwel."* Elke dag het genoeg van sy eie kwaad op gelewer.

Waarlik,ek kom nou uit matrone se kantoor en ek het gevra! Ek voel nog lam, en bewerig, maar met, "Ek sal terug kom na jou toe." is ek daar uit. "Pappa ek het haar gevra! Ek wag op 'n antwoord." Babbel ek soos gewoonlik oor die telefoon. My ouers bid in geloof en vertrou saam. 'n Tyd daarna word ek in geroep na matrone se kantoor. Met 'n vermaning... "Hier is 'n aanbod van bestuur, maar niemand mag weet van dit nie. Dit word by jou salaris gevoeg, maak daarmee soos jy goed dink; Ons het uit gewerk dat met eerste huis koop afslag, jy iets sal kan koop. Die saak is afgehandel." Sy stoot 'n papiertjie met 'n bedrag daarop geskryf vir my, maar dit het my lewens-standaard grootliks verander. "Ma ek het dit gekry... die verhoging om 'n huis mee te koop." Laat ek onmiddellik per telefoon van my af hoor.

My pa kom self stad toe en hy beplan die hele koop transaksie. Hy bestudeer die planne van die nuwe huisie, voor ek teken. Dit was 'n kompleks wat hulle nog besig was om te bou. My pa was nie tevrede, 'n hoek-erf met geen ingang van voorste aangesig, of van die straat, dus moes om ry, om by die agter deur, in te kom. Dit was vir hom onaanvaarbaar en hy het die argitekte en bouers daaroor gaan sien. Hy weier,dat ek koop, as dit nie reg gemaak word nie... Wel tot vandag toe is hierdie opening vir 'n hek in die omheining van daardie kompleks (my eerste huisie). Ek moes van die voor deur af ook mense kon ontvang!Dit het waarllik die lewe baie gemaklik gemaak. Ek kort toe nog 'n klein bedraggie, en my pa noem dat hy vir my sal in staan, aangesien die verpleeg opleiding deur staat betaal is en ons het 'n salaris terselfdertyd ontvang, in daardie dae. (Al die ander kinders het almal gaan studeer op sy kostes.) En so het ek dan my eerste huis gekoop.

In eerste week ná ek daar ingetrek het, is daar 'n klop aan die deur. "Hello, hello ek sien die motor se registrasie nommer is van die platteland waar ek ook groot geword het; ek moes toe net weet wie bly hier. Toe ek nader kom roep ons al twee tesame verbaas uit... Dit was J.

So tel ons toe weer ou drade op na jare se, 'nie sien nie'. Sy vertel dat haar huwelik nie so gelukkig is nie en stop soms om te gesels. Om net af te blaas, gaan dan voort met 'n driftige passie en beduie met haar hande in die lug, soos: "ek praat mos met die mure, niemand luister nie". Dan ry sy weer... en sy voel beter. My lewe was baie rustig. Dit was werk, bid, en dan weer werk...

Op 'n staduim skei haar man van haar. Sy was natuurlik neer teen die grond. Sy wys vir my 'n brief wat haar ma (nou al oorlede) jare terug vir haar geskryf het. Haar ma skryf dat dit beter vir haar sal wees om haar lewe saam met Jesus deur te bring as om te trou. Dat HY na haar sal om sien.Spandeer baie tyd met vriendinne,om hul as vriendinne te probeer behou. Ek het net gevoel dat as my huwelik op rotse eindig, dan het ek alles verloor en selfs my kosbaarste tye saam met geliefdes prys gegee, vir 'n verskietende stêr. Ons is almal praters, en ons vol van Jesus se goedheid. Ons het planne gemaak. As ons byvoorbeeld gaan stap het, dan kry elkeen 'n spreekbeurt tot 'n sekere hoek, dan moet hy die volgende een kans gee. Of as ons gaan eet het, dan steek ons letterlik ons hand op; "verskoon my,ek wil na jou praat" In die donker stryd met die huwelik was dit 'n koel lafenis in 'n dorre woestyn. Ek begin weer lewe. Ek het later ook geleer dat die vyand dit haat as ons as kinders van die Here gelukkig is. Die vyand van die kruis werk deur my man, ek word baie aan geval met jaloerse buie oor die vrienskappe.Hulle beweeg ook in en uit by sy huis en behandel hom altyd vriendelik. Ek het al met baie mense gesels waar een party van die huwelik ontrou is, is daar altyd hewige jaloesie, omdat hulle hulself nie kon vertrou nie. J 'n baie aantreklike vrou, en sy was altyd daarvan beskuldig dat sy ander mans aan my voorstel ens.

Ek moet erken van al my vriendinne, was sy naaste aan my, ons het soveel sout en soet van die lewe ervaar. Ons kuier dikwels by haar familie en sy ook weer by my familie. Ons leef in,by mekaar, ek het my eie beker in haar huis en ek het ekstra kossies ook daar... wanneer my man laat by sportklub kuier, dan kuier ons ook heerlik saam.

Dit was afhangende van haar vriendskappe. Sy het 'n lang verhouding gehad met 'n vriend van buite die stad, so in die week kuier ons lekker saam, maar naweke kuier sy dan by hom. Ek was vry om van die Woord en van Jesus te praat by J, maar sy het nog nie 'n volle oorgawe gemaak nie. Een aand besoek haar predikant haar en vra of sy bekeer is? Sy kyk na my en vra "is ek?"... "nee antwoord ek, jy is nog nie wedergebore soos dit in die Skrif beskryf word nie". Sy aanvaar dit net so.

6 DONKER WOLKE VAN DIE DOOD HANG OOR ONS...

Toe breek donkerste tye aan. Ek lees een aand in 'He came to set the captives free', van Rebecca Brown, dat volgens die skrif, bereken die koste, dat as die duiwel die Vader versoek om ons geliefdes te vat, sal ons dan nog die Here dien? Lukas 14 Vers 26. *"As iemand na My toe kom en hy haat nie sy vader en moeder en vrou en kinders en broers en susters en ja; selfs ook sy eie lewe nie, kan hy nie my dissipel wees nie... Vers27;en elkeen wat sy kruis nie dra en agter My aan kom nie, kan my dissipel nie wees nie.Vers 28; want wie van jul wat 'n toring wil bou, gaan nie eers sit en die koste bereken, en of hy die middele het om dit uit te voer?vers 29; sodat as hy die fondament gelê het en nie in staat is om dit te voltooi nie, almal wat dit sien, nie miskien met hom sal begin spot".* Ek raak bewus van my ouers; Ek roep klip hard uit; "Nee Meester nie my ma en pa, asseblief onmoontlik "Sy haal die Skrif aan en noem dat ons moet stil gaan sit en die saak uit maak of ons bereid is om alles op te offer vir Hom, want satan *bediesie* dit by Abba Vader soos met Job... Ek maak die boek van Rebecca Brown vies toe, daarvoor is ek nie bereid nie. 'n Paar maande daarna; my ma was nog jonk – net 65 jaar oud, vererger haar siekte, sy kry ligte chemoterapie vir kroniese leukemia, wat die dokter noem; "geensins tot die dood nie". In 'n oomblik swaai dit om na aktiewe kanker, en my ma veg met die dood.

My vriendinne noem vir my dat as een van my ouers sou sterf, hulle net vir my sterkte sou kom toe wens maar dan nie weer sou kom nie, hul sal dit nooit kan hanteer om my daarna te sien nie, want ons leef te ná aan mekaar. Suster Hulp hulle bid saam en vertrou saam met my vir genesing. Ek is nie bereid om my ma te laat gaan nie. Stadiums as my pa nie by my is, huil ek ontroosbaar, dit voel my wêreld skeur uit mekaar, ek ervaar liggaamlik die pyn. Daar is geen beterskap, my ma besef sy gaan nie gesond raak nie. Sy praat met ons dogters, groet ons ,die ander gaan uit. Ek, die jongste dogter, bly agter. Dankie Meester vir hierdie Goddelike oomblik "Mamma vergewe my wat ek aan julle gedoen het om so verkeerd te gaan trou (en Jesus te verlaat). Sy antwoord "sussie ons het jou lankal vergewe, ek en pappa wou net hê dat jy nie alleen moet oud word nie, en gelukkig moet wees. Nou sal jy moet baie sterk wees en op hou huil en na pappa kyk en hom help."

Ek huil onbeheersd. Dit was die laaste gesprek; die volgende dag toe sterf sy rustig.

Die Krag van die Here daal oor my soos ek nog nooit geken het. Toe die tyding kom was ons by my pa se niggie, ook 'n gelowige, toe sê ek net kom ons bid; "mamma is hemel toe" – my pa was so kalm en rustig. Daardie oggend het ek vol geloof gesê; "pappa vandag maak Jesus mamma gesond almal bid saam." hy het sy kop geskud en die Bybel vir my aan gegee, oop by, *2Korinthiers 5 vers 1: "Ons weet dat wanneer ons aardse tuiste wat maar 'n tent is, af gebreek word, ons 'n vaste gebou in die hemel het, dit is 'n woning nie deur mense gemaak is nie, maar deur God, en dit bly ewig staan."* "Mamma gaan nie gesond word." sê pa saggies terwyl trane drup op sy wange... Die Vader hart,klaar met my pa gesels uit die Hemel. Die Vader van die heelal gee my pa bo natuurlike krag en hy praat in my ma se oor; "Vrou jy kan rustig gaan, ek is "oraait."Ure daarna toe sterf sy. My pa noem dat hy nog nooit so naby aan die Here was nie, en hy haal moeder Theresa se woorde aan *"As jy nog nie daar gekom het waar Jesus al, is wat jy het nie, het jy Hom nog nie leer ken nie"*. Dit het hy ervaar, Jesus was nou sy alles, en hy het troos gekry. Hy noem as dit so is, moes mens eintlik vir sulke tye gebid het, pynlik, maar die Here Jesus Christus kom af en dra jou in Sy arms... iets wat jy nie sou geken het as die dood nie nou hier was nie. Ek was ook onmiddelik getroos, dit was soos iets wat van my af geval het. Ek was baie daaroor gekritiseer dat ek my gevoelens onder druk, wat ek eintlik nooit sou kon doen nie. Almal kon duidelik op my gesig lees, hoe ek voel, die diep troos, die Heilige Gees, was 'n werklikheid. Deur dit alles vleg suster Hulp nog deur my lewe, ek skakel baie, dan bid ons oor die foon en ek kry groot ondersteuning van haar. Matheus 5 vers 4. *"Salig is die wat treur want hul sal getroos word."* Dit is 'n belofte wat ons kan af bid. My vriendekring spreek hulle groot verbasing uit, dat ek so sterk is. Alle eer aan die Trooster.

J skakel my, een dag voor my ma na haar ewige tuiste toe is. Sy huil onbedaarlik, haar vriend het fiets gery, geval, en dadelik gesterf,'n hartaanval... Hulle sou daardie jaar, moontlik getrou het... haar lewe was in skerwe... Maar JESUS HET daar ook getroos; *2 Korthiers 1 vers 4 "sodat ons die kan troos wat in allerhande verdrukking is deur die VERTROOSTING WAARMEE ONS SELF DEUR GOD GETROOS WORD.* In daardie tyd gee J haar lewe ook volkome aan Jesus en word suster J, groei lieflik in die Woord.

Nege maande daarna gaan my pa ook na Sy Hemelse Vader. Die Sondagaand noem hy: "Sussie dit raak nou te eensaam", asof hy vir my noem dat hy klaar met die Vader gepraat het. Dit was daardie Donderdagaand, in sy slaap wat hy oorstap na Jesus... Hy het hom kom haal. Vir twee dae lank het ek net gehuil, en skielik sak daardie troos op my, en ek ervaar die Hemelse troos wat verstand nie kan beskryf. Ek word skielik heel en ek kan van hom praat sonder daardie pyn en verlange... Dankie Meester vir daardie troos! *Leser vra vir die Abba Vader om dit vir u ook te skenk, al ken u nou net smart, daar is Hemelse troos soos geen iemand op aarde vir jou kan gee, al is hul hoe goed vir jou.*

7 STAP VIR STAP NA DIE SALIGHEID...

Suster Hulp, deel met my haar ervaring ná haar man se heen gaan, na sy hemelhuis. Hy het jare ná haar bekeer en ook die Here gedien. Sy vertel wat 'n wonderlike man het Jesus hom gemaak. Hy was baie gebruik, deur satan voor daardie tyd, en hy het baie tye vir haar gelos vir ander vrouens. Soms het hy niks gesê nie, maar sy het altyd geweet, sy het dan in geloof met haar kinders gestaan. Sy vertel dat hulle nooit honger gaan slaap het nie, Abba Vader was haar man. By geleentheid, geen kos in die huis, sit sy pot op die stoof met water en sout. Terwyl pot kook, vra kinders waar is die kos wat gekook moet word? Sy antwoord; "Die Here sal voorsien." Waarlik, bietjie later klop aan die deur en 'n kennis bring sakke vol kos. By ander geleentheid, moet sy diens toe gaan, en geen kos. In geloof dek sy die tafel. Die kinders huil; "wat gaan ons eet mamma?" Sy antwoord;" Die Here Jesus sal nooit toelaat dat jul honger ly nie, die bybel sê soos Hy na die mossie kyk, kyk Hy na ons." Rukkie later kom 'n buurvrou met gaar kosse, van ń restaurant op die lughawe. Sy werk daar en hul sou kosse weggooi. So het die Here op verskillende manier gewerk. Soms het haar man die weeklikse geld, wat hy verdien het, voor haar verbrand. Dan prys Sy net die Meester want Hy sal voorsien. Baie dae gaan ons saam ry en hierdie getuies versterk my geloof. Niks is onmoontlik by die Here!

Sy vertel my, dat kort ná haar man gesterf het, sy iets spesifiek gedroom. In die droom moet sy oor 'n helder rivier stap, daar is klippe in die rivier. 'n Vrou, van my nasie staan aan die ander kant en moedig haar om aan te stap. By die ander kant gekom staan die vrou met 'n wit motor daar en sê sy moet inklim en bestuur. Sy sê sy kan nie bestuur nie, maar die vrou sê sy moet inklim. Toe sy inklim ry sy, hoë steil berg, onmoontlik om daar te ry maar hul kom bo. Sy vertel my; "suster dit is suster wat daar gestaan het". Ek het toe 'n wit Toyota gery!! 'n Paar oomblikke sit ek verstom, doodstil... stadig sink dit in... ABBA VADER het lank voor ek saam met hierdie Kragtige stryder (moeder in die Here, nog nooit so 'n gesag draer van Christus geken nie, Jesus straal uit haar uit) begin stap, geweet, en dit so beplan. Daardie droom was so eg!! Suster Hulp bestuur in die Gees, ek was nie opgewasse teen die magte en kragte wat in die huwelik was nie. Soos sy dit later jare gestel het, "ek moes kruip voor die Here, vas, bid; nagte en dae deur om suster te red uit die magte van die bose."

Maar die Here het haar geleer deur Sy Gees, om die onmoontlike hoogte uit te ry, met my langs aan haar. Die Vader help my, en gee my kinderlike, nederige, onderdanige gesindheid.Ek gee oor en laat haar Geestelik my motor bestuur. Ek moes sak uit my eie hoogheid, onder daardie gesag van Jesus Christus in haar, onderdanig wees. Dikwels hoor ek: "suster ons moet sterf aan die self... self staan nog té regop, en belemmer die Meester se werk." Die prentjie speel voor my af van die verlede. My pa het Angora bokke gekoop, tot sy spyt: "Ai, sussie hier het ek nou 'n les by die Here geleer, die begeerlikheid het my nou oor val, want hul hare is baie geld werd, maar met alles wat ek nou al spandeer, is ek net gelyk.

Hulle is baie mooi, maar pieperig en vrek baie gou. Net bietjie koue, dan is hul weg. Kyk nou hier, (ons staan by water dammetjie) die skape stap in rye, drink water uit die dammetjie; ordelik, en almal kry hul deel. Hierdie bokke stamp mekaar met die horings, baklei.Baklei tot almal van hulle binne in die water dammetjie is, en die water later vuil , dat nie een bok dit kan drink nie." Dit kom voor my... dit is soos ek, as ek nie roep, "Ag Here laat ek ervaar." Galasiërs 2 vers 20, ek is saam met Christus gekruisig; dit is nie meer ek wat lewe nie, maar Christus lewe nou in my. Die lewe wat ek nou in die vlees lewe,lewe ek in geloof van die seun van God."

Dit is ook 'n geloof saak... soms los ek kos, vas en bid, en vertrou die Here dat ek, die 'self ' se verloëning sal ervaar, anders gaan ek soos bokke met my swakhede, die Here se water vuil maak, dat niemand dit kan drink nie. By een geleentheid, was daar 'n suster wat 'n paar dae by suster Hoop kom kuier het. Sy irriteer my geweldig, haar manier van praat en dinge doen, voel net nie reg vir my nie. Die een oggend kry ek so 'n sterk begeerte... "Die self, die eie ek in my sal moet sterf; die begeerte brand in my binneste en raak al hoe meer dringend, ek roep in erns na die Meester, om dit te proe en te ervaar. Sy op staan lewe in my, as die 'eie ek' vas aan die kruis... Op daardie stadium het ek nie aan die suster gedink nie... die wonderlike ek is mos reg. Soos suster Hulp altyd noem, kom liewer hier op aarde in die skande en word gered, as wat jy daar by Jesus Christus ná jou dood in die skande kom.

Daardie dag toe ek weer daar is, die "irriterende" suster, is ook daar (die een wat ek nie kon wag dat sy moet vertrek nie, want sy was darem nie heel op standaard, volgens my die 'grote ek' nie).Ek kry so 'n liefde vir haar, en my hart het uit gegaan na haar. Ek het skielik gesien watter groot nood sy het. In liefde help ek haar en begin die pad met haar stap, in groot liefde en verdraagsaamheid, ervaar ek blydskap. Ek skrik vir wat nou gebeur het, want sy praat nog op die manier wat my so gesteur het, maar nou val die irritasie weg, en dit word oor donder met die liefde. Toe word dit vir my duidelik, dit is selfverloëning se werking. Suster Hulp het so baie gesê: "Dierbares dit is wonderlik om in die selfverloëning te leef, hoe dieper jy in dit groei hoe wonderliker is die lewe hier op aarde. *(Filippense 2 vers 13; "want dit is God wat in julle werk om te wil sowel as om te doen na sy welbehae.")*

Suster Hulp, was die mondstuk van die Meester; "Dierbares, julle moet moeite doen om ontslae te raak van die swakhede in julle self .Self kan julle dit nie reg kry nie,maar vas en gebed,sal Christus se gesindheid in jul bring.

Daarom was ek so bly toe van my kollegas,wat jare saam met my werk, voor my praat van my swakhede, hoe ek verbeter het. Joyce Meyer noem; "Ek is beter as gister, nog nie daar nie, maar daar is beterskap." Alle eer aan die Heilige Gees wat klop en klop... tot ek luister. Ek het gedink dit is my plig om op elke vergadering by die werk te praat oor alles wat verkeerd is; ek staan mos vir geregtigheid. Soms het ek op gestaan teen gesag by die werk vir die verdruktes. Ek het gedink ek doen dit vir Jesus Christus. Daardie dag,kom ek by suster Hulp,(nie bewus hoe ek by werk op getree), dit het onder haar aandag gekom, sy moet iets met my deel. Weet suster; "Ek het geleer soos ek aan stap met Jesus Christus die Here, hoe wonderlik is dit as ek ophou baklei en stry vir my regte en oorgee vir Hom, te wonderlik as ek ervaar hoe los Hy sake op, sonder dat ek my mond oop gemaak het. "Ek skrik so, ek bid dadelik;

"Meester, U sien alles." Dit sny dwarsdeur my... met ander woorde... ek stry nog in die 'self.' Wat 'n verlossing volg daarna in my lewe; tot vandag,, is ek stiller gedurende vergaderings en daar is baie minder "moans and groans." oor die ongeregtighede by die werk of by die kerk. Wel nou en dan glip my ou gees weer uit maar ek kan hom ten minste herken en dan weer na Jesus toe gaan vir redding. *1 KORINTHIERS 15 vers 50:"Wat ek bedoel broers, is dat vlees en bloed kan nie aan die Koningkryk van God deel kry nie. Die verganklike kan nie aan die onverganklike deel kry nie."* Ek bid; "Here verlos my tog van die verganklike wat vlees en bloed is, wat menslik is... en nie soos U nie, want Meester... U Woord noem hier dat dit nie Koningkryk's-waarde het nie, vergewe my.Laat U Koningkryk soos in die Hemel en so ook op die aarde kom,Meester, tot eer van U Naam... amen."

Ek aanvaar volkome die getuie wat nou vas in my is. Hou op veg! Laat Die Here Jesus Christus vir jou veg, staan uit die pad. Baie keer was dit Meester se wil, as ek so teen (wat ek dink teleurstellings is, *dinge wat gebeur soos ek dit nie wou* hê *nie)* geskop het. Baie dae vir die duiwel die skuld gegee! Dan sien ek later, (byvoorbeeld)... maar dit wat die hoof besluit het, was die Meester – die Regter van die heelal – wat bo-oor die wêreld se gereg staan! Ander kere het dieselfde Regter van die heelal, bo elke mag of krag, situasies omgekeer wat klaar besluit was deur (byvoorbeeld); gesag wat bo-oor my aangestel is. Ek het 'n lied gehoor wat Suster Hulp gesing het; "oorgee o soete rus."

Waarlik wonderlik as Hy sake uitwerk, net verlede week, bel die hoof, om my te verwittig, dat ek daardie Woensdag by die huis moet bly, want daar was te min werk en te veel personeel. Ek wou net begin kerm oor 'hoekom ek – wat van al die ander wat nou kan werk? (die ure moet weer in gewerk word) Ek gee oor "Dankie, ek sal by die huis bly" antwoord ek met Sy Vrede. Ek besef dit is susters biduur op Woensdae middae, wat ek baie lanklaas kon by woon.

Ek kry nie meer Woensdae af nie, so ek kan daarheen gaan. By biduur aan gekom, is almal so opreg bly om my daar te hê, en die voorganger noem: "omdat ons suster so lanklaas hier was, gaan sy vandag die Woord vir ons bring om ons te bemoedig." Die Heilige Gees ondersteun my en die woorde rol op grond van die Skrif. Ek het later gehoor dat 'n paar susters getuig het dat hul daardie getuies en Woord, so nodig gehad het op. Vir my het dit gevoel asof ek gestuur was. Dit was 'n afspraak van die Meester; dit het verander in wonderlike ervaring dat ek net so op gelig kon voel ná die biduur. Daardie Saterdag is ek op roep vir die teater afdeling in hospitaal en ek werk al daardie ure terug... geen probleem. Net een voorbeeldjie van "die soete rus van oor gee."

Jare gelede het ek leesstof van Siegie Oblander gesien, onder korreksie, dit as volg gelees: "agree quickly with your adversary" Mathew 5 verse 25 *"Agree with your adversary quickly..."* Dit was 'n dun boekie, met Kragtige getuienis. Soos ek onthou... die skrywer was op daardie stadium een van die vlugtelinge, wat deur die owerhede vervolg word as gevolg van hulle geloof. Hulle het geswerf en daar was slegs uitkoms deur met 'n boot,te vlug. Toe hul moeg en uitgeput by die plek kom, waar die boot hulle moes optel, in die geheim, hoor hulle die boot, is reeds weg. Die volgende een, sou eers oor 'n maand of twee weer beskikbaar wees... Natuurlik moedeloos; bid hulle, en hulle kan nie verstaan.Dit sou beteken dat hulle toe weer moes rond vlug onder moeilike omstandighede vir nog maand of twee. Toe hul wel later 'n boot kry, hoor hulle dat daardie boot, met almal daarop, omgekom het in 'n storm.!!

Die verhaal het, 'n geweldige impak op my gehad. Die boodskap: "agree quickly, with bad circumstances of your life."

Dit verwys weereens vir my na die vele kere wat ek baklei het wanneer omstandighede nie in my smaak val.Soms was my siel dan vir dae lank ongelukkig.As ek gou 'n besluit neem, dat ek wil oorgee, aanvaar ek die teleurstelling, en dan sak blydskap en Vrede weer op my.Soos iemand noem; "moenie toelaat dat dinge jou blydskap steel nie!"

Op 'n heerlike bid en saam kuier, noem suster Hulp vir my dat 'n gelowige nie meer moet baklei en raas nie. 'n Ware gelowige moet 'n stille gees van die VADER hê.Wanneer my eggenote so laat inkom, dan het ek nie 'n stille gees! Dit voel net vir my, hy het geen respek,vir my, om so laat in oggend-ure huis toe te kom. Ek spreek dit aan, en dan probeer ek dit ook uitpraat. Dit veroorsaak altyd argumente..." hy moet mos laat bly" ens. Daardie aand bid ek die Vader: "Meester die Woord noem in Romeine 6 vers 6:"*aangesien ons dit weet dat ons oue mens saam gekruisig is, sodat die liggaam van die sonde tot niet gemaak kan word en ons nie meer die sonde dien nie.'*

Ek bid;"Vader,ek moet dit ervaar, U gesindheid.My oue mense wat raas en baklei moet saam gekruisig wees." Soos dit later raak, kom woede weer in my op, dan roep en weer na die Meester, en kwoteer die Skrif aanhoudend.Lank na middernag hoor ek die sleutel in die deur draai, ek roep weer die Skrif uit.

Toe die deur oopgaan, doen die Meester die groot werk. Groot vrede sak op my, en ek vra vir hom of hy 'n koppie tee, wil hê. Hy kyk my so verbaas aan! Ek self was so verbaas, dit was soos 'n draaipunt, dit was 'n volmaakte werk wat die Meester gedoen het. In die opvolgende kere daarna, wat dit weer gebeur het, het die Meester my Sy gesindheid gegee, 'n tyd daarna vra hy my of ek iemand anders ontmoet het, want ek gee nie meer om as hy laat inkom nie! Alle eer aan die Here.

Ek het al so baie gehoor, dames wat hul eggenote vir Jesus gewen het, deur Sy gesindheid te openbaar in die moeilikste tye. Dit is moeilik maar tog moontlik, as ons dit begeer.

8 DIE KONINGSKRYK LEWE...

Dit maal in my denke, die berg van aanklagtes, die bediende kla, sy het al die dogter se klere gestryk en opgehang en sy was gefrustreerd en moeilik, soos 'n tipiese jong tiener het sy alles afgeruk en op die grond gegooi. Sy kla ook dat sy van die blikkies kos wou skool toe vat vir 'n projek… van die luukser blikkies, wat die huis houding nodig gehad het. Die bediende weier toe dat sy dit vat, en toe skop sy die deur in haar frustrasie en nou hang die deur skeef. Ek, die wonderlike moeder Theresa voel sy moet gehelp word met haar verkeerde gedrag. My man kom egter weer laat in oggendure huis toe van sport klub af. Wysheid sou dit daar los, sodat die bediende dit kan uitsorteeer, maar nee 'eie ek' wil self in klim. Op sy nugter maag, (OOK NIE WYSHEID) "Ek wil net vir jou noem dat die bediende kla… oor…" Hy gil in gang af; "Dogter kom hier!Het jy dit gedoen?" Sy antwoord met 'n engel stemmetjie en gesiggie: "nee pappa, ek het net met my voet die deur toe gestoot." En met 'n: "Sien jy nou… jy wil net weer moeilikheid maak", en hy storm uit na sy werk toe. Verneder, draai ek om, saak afgehandel… ons is verkeerd, sy laat lam is onskuldig. Vandag besef ek dat ek dinge anders kon hanteer het.

Ek sukkel nog om die vorige naweek se dinge te verwerk… dit is nog vars en vergewing,nog nie daar. Dit was sy verjaarsdag, en ons sou by 'n spesiale restaurant gaan eet.. Ek wag en wag en wag, laat nag het hy in gewaggel. Hy net dwars oor die bed,neergeval in daardie diep slaap! Dit was die heerlike verjaarsdag. Die 'eie ek' besluit, genoeg is genoeg en voor hy wakker is, pak ek my tas, vir die naweek en ek vat die pad… Ek het by die see dorpie uitgekom, ongeveer so twee ure se ry uit die stad uit en in 'n gastehuis in geteken met een doel; hy moet bietjie swaar kry en nie weet waar ek is nie, en natuurlik was my selfoon afgeskakel. Die gedagtes woed, en maal soos 'n tornado, tussen 'skei' of 'bly'. Die gastehuis se twee eienaars is vriende; twee dames wat albei geskei is. Ons het baie gesels en lekker gekuier. Laat aand toe kom die onderwerp van huwelike,ter sprake. Hulle het seker die stryd op my gesig gesien! Die een vertel, dat haar gewese man 'n alkolis is en sy het betyds besef hy trek haar saam af. Sy gee toe die raad, dat ek sterk moet word in myself;op staan vir myself; en myself moet beskerm, anders gaan daardie lewenswyse my af trek en af hou.

Een van die skulpies, wat ek daar opgetel het,het ek geraam, in my slaapkamer gesit, om daardie NAWEEK SE OPLOSSING te onthou. "KYK NA JOUSELF"! Die Here het nooit toegelaat,dat ek onder bly nie Hy het my met Sy Krag, soos n kurkprop in die water laat op skiet.Al het die omstandighede hoe hard probeur om my onder te hou. Suster Hulp se pastoor se woorde kom in my ore: "Suster ons glo nie altyd, aan skei nie, die Here het 'n oplossing, maar ons glo aan "SEPERATION". Hy het nie van my omstandighede geweet nie, en moes daardie boodskap, ook by die Vader gekry het... my Vader het geweet wanneer ek 'seperation time'moet neem.

Maandag het ek weer die selfoon aangeskakel. Dit was eintlik 'n heerlike tydjie... Hy bel kort nadat my foon weer aan is, vra omverskoning.Die manne, wou hom nie laat gaan, het sy drankies gemeng. Ja, dit kan dalk die waarheid wees, hy kom min so erg besope, by die huis aan. Hy klink regtig jammer, maar ek is nog nie in die vergewing nie. Op pad terug gaan ek eers by suster Hulp aan, en ons bid saam. Sy moedig my aan om hom te vergewe, die Here kan hom verander. Sy vra my,vol liefde, terwyl sy my gesig tussen haar hande, vas hou "Suster, glo jy dat die Here kan hierdie man verander?" Ek antwoord; "Nee suster, ek kan dit nie sien gebeur." Sy antwoord; "wel ek glo sonder twyfel... Ek het my man van 'n wrede leeu sien verander deur Jesus Christus tot 'n mak lammetjie". So ry ek daar weg, met skei nog as 'n opsie in my gedagtes.

Ek het later gehoor, suster Hulp en gebedsmaats het drie dae gevas en gebid "want as die sister nou skei, gaan sy weer 'n fout maak en weer verkeerd trou". Hul het my hart onderskei met Sy Wysheid wat HY vir hulle gegee het,net om daardie droom weer te bevestig... suster Hulp ry die berg uit met my motor. Soos die Woord noem. *Markus 9 vers 29.: "en Hy sê vir hulle: hierdie geslag kan deur niks anders uitgaan, as deur gebed en vas nie."* en so het skei saak uit my gedagtes en wese begin weg vloei soos 'n water stroompie... weg... weg... en al hoe kleiner geraak, tot hy opgedroog het...

Nou was ek al weer in 'n storm... slegs 'n week later, ry ek na suster Hulp om nou die hele sak patats daar te gaan uit gooi. Dit het vir my te veel geword om te dra...

Suster Hulp is altyd bly om my te sien. Die Vader het baie liefde in haar hart vir my uitgestort. Sy klap haar hande en sê "Is ek nou bly vir suster se eggenote in suster se lewe!" Ek is so verstom; gaan hy nou bekeer; gaan ons nou saam vir Jesus dien? Dit is al wat ek kan dink... Sy gaan voort "as dit nie vir hom was nie, sou suster,nooit na my gery, en Jesus met 'n volkome hart gesoek het nie, wat 'n wonderwerk, suster is nou totaal afhanklik van Sy oplossing. Nou kan Jesus Christus die Here iets in suster se lewe reg kry. Iets, wat suster nog nooit vir Hom toegelaat vir jare nie, totale oorgawe" ... 'Have Your Way oh Lord' die wind is uit my seille, ek wou dit nie hoor nie!! Alles wat ek oor wou kla is nou weg!! Ons twee bid saam en drink rustig 'n koppie tee saam... soms hou sy vir my ietsie wat sy gebak het, "spesiaal hierdie sago-poeding weggesit, ek het gedink suster sal dit geniet."

Die klein dingetjies... Die ware Liefde, maak my gesond, soms ry ons see toe, of na mooi natuur plekke en geniet ons tye saam in die Here. Vol moed ry ek weer huis toe, versterk.

Sy bid, voor ek ry; "Ek moet vir suster op die pad sit". Hierdie gebed was vir my te wonderlik; "Here ons bind in Jesus Naam nou dat alle in wagtende bose magte, by suster se huis kragteloos is, elke bose gees wat haar blydskap wil steel, in Jesus Christus se Naam". Ek het ook geleer om dwarsdeur die huis te bid, en met my vinger se punte olie orals,ongemerk te smeer, in Sy Kragtige Naam.

Efesiërs 6 vers 10: *"Eintelik my broeders, WORD kragtig in die Here en in die Krag van Sy Sterkte."*Soos die Woord dit noem *"word Kragtig".*.'n proses!Ek groei ook, treëtjie vir treëtjie om meer Kragtig te word. Suster Hulp het al baie gegroei, deur die jare om meer Kragtig te wees, teen die magte. Ek was nog soos 'n baba ... Ek het niks van dit geken om oorlog te voer teen die bose in Sy Naam.

1 Samuel 1 vers 37: *"Verder sê Dawid die Here wat my gered het uit die klou van die leeu en uit die klou van die beer, HY SAL MY RED UIT DIE HAND VAN HIERDIE FILLISTYN. TOE SÊ SAUL VIR DAWID; GAAN EN MAG DIE HERE MET JOU WEES."*

Die les wat ek daar uit leer is vir my dat Dawid ook gegroei het en opleiding in die veld gekry het, met die leeu en die beer... daar het hy ook Kragtig in die Here gegroei. Nou kan hy die reus Goliat oorwin en so die hele volk red. Soos suster Hulp my nou in die Here red...

Romeine 6 vers 11; *"Trek die volle wapenrusting van God aan, sodat julle staande kan bly TEEN DIE LISTE VAN DIE DUIWEL." VERS .12. "WANT ONS WORTELSTRYD IS NIE TEEN VLEES EN BLOED NIE, MAAR TEEN DIE OWERHEDE;TEEN DIE MAGTE,TEEN DIE WĚRELD-HEERSERS VAN DIE DUISTERNIS VAN HIERDIE EEU,TEEN DIE BOSE GEESTE IN DIE LUG"*

Op daardie staduim was ek 'n senuwee bol.Niks in my mens wees kon die onbeskofte maniere hanteer nie. Ons was saggies groot gemaak. Daarom was ek absuluut desperaat vir 'n oplossing van die Here se kant. Asof die Here in Sy Wyse Raad gedink het... Ek gaan haar oorgee aan die begeerte van haar hart om die man te wil hê. Dat haar hart weer kan terugkom na My.Vandag is ek so dankbaar vir die moddrige pad, en opdraandes, wat my gedryf het om Jesus in opregtheid te soek.

Ja soos die Skrif noem, *Romeine 8 vers 28; En ons weet dat vir hulle wat God lief het, ALLES TEN GOEDE MEEWERK, VIR HULLE WAT NA SY VOORNEME GEROEP IS".*

Selfs my misvattings, foute, verkeerde optredes, ongehoorsaamheid, bring nou oplossings en antwoorde, nie soos ek dit wou hê nie, maar om "in-te-gaan" by die nou poort wat na die Ewige Lewe lei.Soos u miskien sal opmerk; my soeke was na aanvaarding en liefde van my man, Ek wou sy liefde vir my beleef en ondervind. Ek het verlang dat hy my gelukkig moes maak... Dit is hoe ek van die pad afgeraak het by punt A van my Geestelike pad. Ek het wonderlik met Jesus Christus die Here gewandel, maar gehunker na die aardse liefde van 'n man of 'n kind. Hierdie ondankbaarheid, het die Vader se hart seer gemaak; soos ek nou seer kry... Abba Vader het tog immers Sy seun gestuur dat ek weer met Hom in Vrienskap, en Eenheid kan wees, soos Adam en Eva, se paradys lewe, voor die val.Die goeie Herder het my waarlik by groen wei velde gehad maar ek was nie tevrede.

Hoeveel smart sou vir my en baie gespaar gewees het, as ons nie ons verwagtinge van ons mans of vrouens of kinders, werk kolega, of wie ook al,gekoester het nie! Die verwagting dat mense of dinge ons daardie gelukkigheid of "companionship" gee. Jesus Christus die Here se Bloed het gevloei om my terug te koop as een van SY persoonlike vriende... *Romans 5 verse 10(Good News Edition) "We were God's, enemies, but He made us His Friends through the death of His Son. Now that we are God's friends, how much more will be saved by Christ Jesus..verse 11.. But that is not all; we rejoice because of what God has done through our Lord Jesus Christ, HE MADE US GOD`S FRIENDS."*

Weereens word dit vir my duidelik dat egskeiding nie die oplossing. Die Meester is besig om my te verander, na Sy Beeld. Ek sou so baie waardevolle lesse gemis het, as ek my huwelik hier gelos het. Die pad was nog moeiliker, maar die wonderwerkende Heiland sou ek gemis het. Ten spyte van alles, het ek ware getuienisse,wat baie dierbares in die Here kan help en aanmoedig soos ek gehelp was. Daarom skryf ek hierdie dinge neer.

Omdat ek, my Herder se stem gevolg het, ondervind ek baie ongelooflike sëeninge.

Johannes 10 vers 4... "En wanneer Hy sy eie skape uit gebring het, loop Hy voor hulle uit en die skape volg Hom, OMDAT HULLE SY STEM KEN".

*Die vreemde stemme het geskreeu;' skei hom' hy sal nooit verander, maar die sagte stem het nie so gesê nie! Baie dae het ek gebid "Meester as my 'eie ek' gekruisig is soos Galasiërs 2 vers20 skryf.*Watter keuse sal ek maak by hierdie kruispad? of Meester, U nou hier op aarde,in my liggaam, sou U nou ook so gemaak het? Die Here hoor elke gebed! Ek het houer,in my locker gehad, by die werk waarin ek ook briewe daagliks vir Jesus geskryf het. Versoeke; hoe ek voel, wat ek benodig,wat Abba Vader moet oplos... in briewe, soos 'n vriend met 'n vriend sou gesels. Soos die Vader goed dink, nie altyd soos ek die uitkoms wou hê nie... en Abba Vader het waarlik my Vader geword. Soms was dit beter om stil na Hom te gaan as om met ander mense te gesels.

Nooit was ek bo my vermoëns getoets nie. Die Herder het in Sy arms my gedra. *1 Korinthiers 10 vers 13; "Geen versoeking het julle aan gegryp behalwe 'n menslike nie; maar God is getrou, wat nie sal toe laat dat julle bo julle kragte versoek word nie; maar Hy sal saam met die versoekings ook die uitkoms gee, sodat julle dit sal kan verdra". Baie keer het ek Skrif gekry: Matheus 2 vers 13..."'n Engel van die Here het in 'n droom aan Josef gesê; staan op neem die kindjie en sy moeder en vlug na Egipte, en bly daar totdat ek vir jou sê; want Herodus gaan die kindjie soek om Hom dood te maak."*

Die goeie Herder het so baie deure, saam met versoeking oopgemaak, want die donker duister magte het wreed gepoog, om" die kindjie in my"(Jesus se nuwe Lewe), dood te kry. Ek moet so moedeloos word dat ek Jesus sou los, maar daar was altyd hulp. Ek het soms saam met Suster Hulp en hulle kerk op geestelike werk uitgegaan, of alleen op wonderlike vakansies en selfs 'n paar keer na Europa gereis. My eggenote het goedkoop vliegkaartjies by die werk gekry, wat hy nooit gebruik het nie... maar ek het!!...

Die reise is ook 'n verhaal op sy eie... hoe geseënd is my Vriendskap met Jesus. Ek het gebid op 'n staduim: "ag Meester vergewe my, ek het mense bo U verkies. Leer my wat is Vrienskap met U.Ek wil nie meer so af geskeep voel deur my aardse man nie. Ek wil U liefde en U vriendskap ervaar, U hoor hoe noem suster Hulp, dat U haar alles is, dat sy verlief is op U. Bring ook vir my daar. "Daardie gebed was geantwoord, tot vandag toe groei ek daar in, dieper en dieper in Sy Liefde.

Daar is net tye wat ek moes vlug uit situasies, as ek terugkeer was sake soveel beter opgelos*Esegiel 39 verse.11[Good News Edition]* "The Lord said; When all this happens, I will give Gog a burial-ground there in Israel, IN TRAVELLERS VALLEY...verse 15 they will put or build a marker beside it" *[HIERDIE SKRIF OOR END TYE IN ISRAEL, MAAR WAS SO SPREKEND OP MY REISE]*

So was my reise dan bakens in die paaie (valley of travellers) as tekens van watter planne van die vyand die Meester met my weggaan, vernietig het. Die oorwinning was so groot in Esegiël, hulle het sewe maande gewerk om vyande te begrawe. So het die Meester baie van my 'moeilikhede' begrawe... maande lank. Elke reis of weggaan van die huis af, was 'n getuie van God se goedheid en hulp in donker tye. Ja ek kon nie net agteroor sit en kla oor alles wat nie reg is nie... Ek moes beweeg, soos die Herder lei. Jakob het ook 'n baken gebou as gedenkteken,wat die Almagtige vir hom gedoen het.

GENESIS 35 vers 7; "en hy het daar 'n altaar gebou... omdat God daar aan hom geopenbaar is..."

Soms uit 'stukkend in die binneste' situasies, gaan ek saam met suster Hulp na dierbares toe. "Suster bemoedig suster vandag vir ons, met getuienis en die Woord. Die Heilige Gees ondersteun jou Kragtig, as jy stukkend en leeg van binne, daar staan. Ek kon van my swaar tye vertel en hoe die Here altyd situasies vir my opgelos het. Die oplossing gee hulle wat ook in stryd is, weer moed. Dan as ek weer tuis kom is iets groots of kleins opgelos. Ek het gevind dat as ek enige iets... al is dit net 'n beker water, of een Woord van troos vir Sy kudde, Sy skapies, gee, los Jesus my sake op. Ek het geleer dat dit 'n "gee" saak is. Ek kan nie net op 'n hopie sit nie.

Die Geestelike gebore Kindjie hier binne in my sal sterf. Daar sal geen blydskap of Vrede wees as ek net sit met my probleem.Ek hoor die stelling by suster Hulp, as haar huis werk klaar is, sy was voltyds by die huis "Meester wys vir my iemand hier in die omgewing vir wie ek kan vertel hoe goed U is, of dat U hulle lief het". Dan het sy by die deur uit gestap en iewers iemand gekry, met groot nood, Jesus wil altyd help. Saai saaier, saai!

9 LESSE UIT DIE GESKIEDENIS…

By tye het ek saam met nog 'n vriendin gebid… ons noem haar, no.3. By geleentheid, kom no.3 daar ingebars. Ek kan sien dat sy baie ontsteld is. Sy het ook 'n baie moeilike huwelik… Sy spreek hierdie woorde "Pappa Vader, wanneer word my man se siel dan gered! U sien mos ek kan nie meer so aangaan nie!". Sy gooi haar hande in die lug, baie gefrustreerd in haar omstandighede. Wel,mens voel soms so, selfs nadat sy weg is, is ek nog verskrik. Elke mens het 'n eie verhouding met die Here, op verskillende maniere. Maar dié uitbarsting, ontstel my… dit was soos woede teen die Here; met respek gesê; "Here Jy sal nou, hierdie saak oplos, en Jy sal dit so oplos, my man sal nou bekeer en klaar. Ek vat nie langer die nonsens nie!" so asof dit" U skuld dat ek nou so ly." Ek gaan bid en vra vir die Heilige Gees, om dit vir my te verduidelik, wat ek nou hier waarneem.

Ek maak die Woord oop by Numeri 20 vers 8 ; "NEEM DIE STAF… SPREEK, DIE ROTS AAN voor hulle oë dan sal hy sy water gee… so moet jy dan vir hulle water uit die… rots laat vloei… vers 11 Daarop tel Moses sy hand op en hy SLAAN die rots TWEE MAAL… EN DAAR HET water uit gekom"… DEUTERONMIUM 34 vers 4. "en die Here het vir hom gesê; DIT is die land wat ek aan Isak Jakob met 'n eed beloof het… Ek het jou dit met jou oë laat sien, maar jy sal daarheen NIE OORTREK NIE."

Ai, Ai Meester help! Soms lyk ek dan net so. Vol kwaad en murmereer (*my weergawe en ondervinding*). Moses was op daardie stadium ook moeg van die volk se ewige klagtes… Hy slaan uit woede, sommer twee maal die rots, en al wat hy moes doen was net om die "rots-aan-te-spreek!!" Dit maak dat hy die beloofde land net gesien het, waar hy bo-op die berg sit. Die beloofde groen land van melk en heuning, net ge-aanskou,nooit binne gegaan.

My les, as ek in daardie gees van ongeduld en woede,bid, gaan die Here water gee,(tydele oplossing)maar ek gaan nooit die oplossing van hierdie saak,kry nie. Ek probeer nog steeds waak teen daardie gesindheid; ek het al 'n paar toetse gedruip, wanneer ek so gefrustreerd raak met omstandighede... ek tel die staf op en wil sommer twee maal slaan, in woede, dan sien ek hoe sit Moses op die berg sonder die voorreg om die beloofde land te betreë. Dan vra ek weer genade; "vergewe my Heer vir die woede en ongeduld oor die slegte saak. Gee my die sagte gees om net die rots aan te spreek, in geloof; "rots gee water!" Uit hierdie rots kan nou water kom, wat my sal vertroos en versterk, al lyk dinge onmoontlik. Hier nou nie put naby vir water, rots gaan water gee.

By 'n huweliks herdenking van ons, vra ek die Vader, die oggend; "Wat sê U vanoggend oor die huwelik, vir my lyk dit net na skande saak" elke jaar kry ek duur geskenke en word daar, waardeuring gespreek, iets mooi gewees. Maar niks verander... Ek maak die Woord oop by Hebreers 12 vers 2; *"Die oog gevestig op Jesus, die Begin en Voleinder van die geloof. Ter wille VAN DIE VREUGDE WAT VIR HOM IN DIE VOOR UITSIGTE WAS, HET HY DIE KRUIS VERDUUR, SONDER OM VIR DIE SKANDE DAARVAN TERUG TE DEINS,en Hy sit nou aan die regter kant van die troon van God".* Ander vertaling skryf: *"wat die skande van die kruis nie te hoog geag het, vir die Glorie wat gewag het."*

Die "skande situasies" wat baie is, in die huwelik, mag ek nie te hoog ag, want soos Jesus in die Hemele "ingegaan" het, wag daar ook vir my groot dinge. Op daardie stadium het ek geglo, dit is die redding van sy siel... toekoms glorie; nou na vier en twintig jare van die huwelik, sien ek nog geen redding van sy siel nie. Ek ervaar daardie glorie van redding, daagliks met die aanstap in Jesus se weë.Ek kan nie,net bly uitkyk wanneer gaan hy dan nou bekeer, want dan sal dinge nou wonderlik wees... nee nee... Ek moet my oog op Jesus hou.Jesus wat die skande van die kruis-dood nie hoër geag het, as die Glorie van die Hemelse Lewe wat wag nie. Dit met my ook so. Soos ek geklou het aan Sy hulp, begin ek nou ervaar, daardie Glorie van die Hemelse lewe,op aarde.

10 DIE BAIE STEIL BERG UIT...

Die dogter is nou 'n volstoom tiener. Dan is haar emosies op, en dan is dit af... en die emosies lê soms sommer plat op die grond vir dae lank, voor hulle dan weer opspring met 'n vaart... Voor my troue, het 'n familielid en ek 'n bootrit gedoen, by die waterfront. Terwyl ons alleen was, probeer sy ook een laaste keer om my te oortuig om nie met die huwelik voort te gaan nie. Sy is 'n maatskaplike werkster, en het baie dinge geleer en gesien. Sy noem vir my dat kinders as hul tieners raak, baie wreed kan wees. Dit is die tyd wat hulle die meeste probleme ondervind het met pleegsorg. Alles gaan goed tot die pleegkind besluit, 'maar jy is nie my regte ouer nie', en dan veroorsaak enige gesag, probleme en rebellie, in daardie kind.

Dit was waar woorde en groot wysheid... my huwelik speel nou so af. Ons het oop gesprekke gehad omtrent haar ma, en hoe sy nou na haar verlang. Toe was sy seker so 15 jaar oud. Voor daardie tyd was daar minder gesprekke oor verlang. Ek verduidelik vir haar dat dit normal is.

Sy begin al hoe meer uitgaan naweke. Soms moet ek bid, dan lê sy met haar kop op my skoot. Ander tye is sy baie groot. Die vra na gebed, was wanneer haar moeilikheid reeds baie groot was, en haar pa weet nog nie.

Ons verhouding bereik 'n laagte punt, van my kant af, voel ek, ek kan niks meer glo wat sy sê nie. Sy lewe 'n dubbel lewe... Voor ons,die een lewe en buitekant die ander lewe. Ek ervaar groot "terughou", want haar pa kan ek ook nie vertrou nie, of anders gestel... ek het geen vertroue in sy getrouheid in die huwelik nie.Haar pa kon ook enige besluit neem, teen my, en in haar guns. So, die gevaar van seerkry, maak dat ek my gevoelens soms moes onderdruk. Sy het egter die voordeel, want hy altyd aan haar kant.

Dit was asof daar 'n gesamentlike haat ontstaan, teen my. Daar breek 'n dag aan, wat my vriende, waar ek dikwels kuier, noem dat sy daar gesien is, waar sy glo dagga rook.

Ek maak fout,vertel vir die huishulp.Sy was eintlik die verlore skakel in die ketting… of dan… die ma van die huis.

Sy was nou al so tuis in die huis, ook geselskap vir die dogter,as sy van die skool kom. Sy vra toe vir die dogter, "rook jy nou dagga?" Op daardie tyd vlak van my lewe was my ma al Hemel toe,ek en my pa met 'n toergroep na Namibia. Dit was nog een van sy begeertes.

Na heerlike toer, deur Namibia saam met my pa, kom ek terug na die huis. Nog so in die wolke… ons het baie geestelike dinge gesels en elke dag gebid,wonderlike tye gehad en wonderlike plekke gesien. My pa het blykbaar tot laat nag,net vertel en vertel,aan familie…met terug keer,baie opgewonde. Ek was ook in daardie hoogte, toe ek die voordeur oopstoot… Toe het ek nie daardie gebed gebid "Meester sny die in wagtende magte af." Baie koud word ek gegroet, sy lippe styf op mekaar… hy wil my nie eens sien nie. Ek hoor net later 'n gebrom; "Ja jy hou van moeilikheid maak." toe gaan sy stem toon op en op en woede vloei oor sy lippe… "Arme kind… nou is sy so in die moeilikheid, oor jou gepraat van dagga, en die majoor van die polisie", en die golf van beskuldigings breek los, oor my. Soos altyd, hoor mens net: "jy is sleg, sleg" hy het nie so genoem nie, maar dit is mos wat ek hoor…

Hier moet ek uit, is al wat in my kop maal. My tasse was nog nie uitgepak nie, en ek begin 1pm te werk. Met die tasse in my motor en my pols- tempo nou seker ten minste 140 slae per minuut, ry ek werk toe… Toe ek nog oppad na die werk, bel my pa, op my selfoon; "Hello sussie, ek wil net hoor hoe gaan dit?" nee wat… daardie liefdevolle stem, toe breek my dam se wal oop en die trane vloei; "Pappa", snik ek. Ek het al my tasse in die motor, ek kan nie meer nie, ek word vir alles geblammeer" snik snik… Die wonderlike pa van my sê toe; "Sussie nou ry jy werk toe, parkeer by die sekuriteit afdeling. Hul kan na jou goed kyk, en jy gaan werk." Ek weet ek het by my vriendin gaan aanklop na die skof,met my tasse. "Vriendin ek gee nie om dat jy hier slaap nie, maar jou man gaan my kwalik neem as jy elke keer hiernatoe kom."

Toe ontvou die hele verhaal; toe sy hoor sy was met dagga gesien, verspei sy die storie dat dit my vriendin no.3, se seun se vriendin is. Ongelukkig vir haar, het sy verkeerde naam gekies, want die meisie se pa was 'n majoor in die polisie, en sy vertel dit weer vir haar pa, daarna volg die grootste moeilikheid. Nou was die saak sommer met die gereg ook deurmekaar en die majoor was by die skool, naamskending en alles was in die gedrang met geregtelike stappe oor dagga rokery... EN DIT WAS ALLES MY SKULD. Ek het die moeilikheid gemaak...volgens hul,sy is nou uit die prentjie,en ek die skuldige! Wel... soos die gesegde lui, elke stryd het verval datum... iewers het wind gaan lê en ek is terug huis toe, waar daar so mate van vergifnis was...

My pa het geskakel, en gesê "Sussie dit was die laaste keer dat ek vir dié goed van jou bid, jy maak my te moeg. Ek het egter my antwoord by die Here gekry... 'n halwe eier is beter as 'n leë dop. "So bly in jou huwelik..." Dit was die laaste keer wat ek uitgetrek het. My pa is maande daarna oorlede. Hoekom is die riller, nou in my verhaal? Dit het 'n groot wending en groot hulp geword,later in my lewe. Die meisie wat beskuldig was, het 'n baie rustige en bestendige lewe gelei, en toe skielik ontaard, Engeland toe gegaan waar sy ook dwelms begin gebruik. Ons bid baie vir haar... vriendin no. 3 en ek. Ons vertrou dat die Meester haar tot haarself sal laat kom.

Soos die sëeninge strome, op my vloei, gaan ek vir ses weke na Engeland vir 'n hospital-projek... weg van al die spanning af, vir 'n tydjie. Daar neem ek 'n uitstappie na Skotland. Daardie Sondag oggend behaal ek 'n mylpunt op my reis verhale. Ons reis in Skye in Skotland se hooglande. Ek vind myself tussen vreemde mense, wat die toer saam met my mee maak. Duidelik kom 'n gedagte by my op, dat die rede, dat die meisie, so ontaard het,is my man se dogter.Sy het haar met haar bose magte vervloek! Saggies bid/praat, ek met die Meester: "Vader dit is goed U praat met my, maar wat kan ek daaraan doen? dit het nou eens gebeur, die vloek moes gewerk het, want die meisie se lewe was nou baie ontgrief en deurmekaar." Ek kry *Galasiërs 3 vers 13 [Bybel by my gehad]; "Christus het ons los gekoop van die vloek wat die wet meebring, deur in ons plek 'n VERVLOEKTE TE WORD. Daar staan naamlik geskrywe, Vervloek is elkeen wat aan 'n hout opgehang is."*

Dit is my persoonlike ondervinding, nie 'n teologiese uitleg nie, maar ek verstaan nog nie. Soos net die Heilige Gees kan help met Wysheid, begin die prentjie vir my ook duideliker raak. Net soos Jesus, my sonde gedra het, so het HY ook elke vloek gedra! Ek sit spraakeloos oor die openbaring in die toer bussie. Ek begin bid; "Dierbare Meester U het elke uitgesproekte vloek gedra. Nou sit ek daardie kruis voor my man se dogter se mond, kanselleer daardie vloek, kragteloos teen die meisie, seën my man se dogter, want sy weet nie wat sy doen nie, amen".

Ons het by 'n eetplekkie stil gehou en ons het hulle berugte "haggies" geëet (skaap se binnegoed het ek later uitgevind). Ek het no.3 daarvandaan (op 'n publieke telefoon) geskakel; "Kom ons bid gou saam in Jesus Naam."

Ek lig haar in van die nuwe kennis wat vir my helder geword het en sy verstaan dit ook so. Ons,eenstemmig, in die geloof saam gebid, uit Skotland tot binne in Kaapstad...!

Seker so 'n maand daarna, skakel no.3 my: "daardie meisie het soos die verlore seun tuis gekom!! Sy is weer haarself... sy het al daardie verkeerde lewens gedrag gelos. Ek het hierdie les daarna so baie toe gepas wanneer ek dit nodig gehad het. Hy het waarlik die vloeke wat op my en my familie deur kwade gevoelens; uit bose monde, en jaloerse tonge... dit wat uit verkeerde bronne van boosheid kom, het Hy gedra en kragteloos gemaak en Sy Seën weer op ons uitgestort... DIT STAAN SO GESKRYWE...

In tweedehandse winkel op 'n klein plattelandse dorpie ontdek ek die boek 'Vloeke en seëninge.' [onder korreksie] van Derick Prins. Dit bevestig waarlik, wat ek ondervind het... ek sou dit so graag weer wou lees. Ek het dit verlede week, by een van die grootste Christelike boekwinkels gesoek, maar dit blyk uit druk te wees. Ek kon dit nie weer vind,myne het iemand geleen en toe verdwyn dit.Ek het wel op internet, baie van sy boodskappe,opgespoor. Die WOORD en die Heilige Gees bly my beste Leermeester, maar ek vind tóg baat by ander leermeesters ook, EEN GEES EEN LIGGAAM, op aarde ook.

Ek het verlede jaar; 2016, nuwe leesstof ontdek genaamd 'UNBROKEN CURSES' deur Rebecca Brown. Daarin het ek baie, baie lesse geleer vir verlossing. Dit bevestig die Woord oor en oor... die Waarheid, HY het die vloeke gedra om elke gelowige te verlos. Hoe soet is die verlossing... soms vind mens dadelik, genesing van 'n krankheid, of 'n swaarmoeidigheid wat in 'n oomblik kan verdwyn en Sy Blydskap weer terug, bring met 'n geloofs-gebed en verwagting van verlossing; "Jesus Here, die Christus; ek sit nou U kruis in geloof teen elke mond wat wetend en onwetend 'n vloek teen my uitgespreek het, en ook dié wat ek wetend of onwetend uitgespreek het, en ek kanselleer dit nou op grond van U Woord. Amen". As ek reg onthou, skryf Derick Prins [nou ook al by die Vader], as gelowiges kwaad vir mekaar is, dit gevaarlike pylle; dodelik gevaarlike pylle kan "uitskiet", en jy kan sommer ernstig siek word as jy dit nie afsny in Jesus se Naam nie. GEBEDES KAN VLOEKE RAAK, MET KRAGTE VAN DIE BOSE AGTER HUL, EN VURIGE PYLLE RAAK...

Ek het dit persoonlik ondervind. Ek het geleer dat gelowiges praat van "tëengebede"... as jy met KWAAD in jou hart bid; "Meester leer daardie een nou 'n les, of Meester ek gee nou daardie een in U hande, straf die persoon!"... Ek het geleer deur foute, dat dit nie Jesus Christus se Liefde is nie. Die skrif sê so duidelik: *Matheus 5 vers 44: "Maar Ek sê vir julle; julle moet julle vyande liefhê, en julle moet vir hul bid VIR DIE WAT VIR JULLE VERVOLG."*

Ja, Meester ek is ook skuldig hieraan... ek raak kwaad en selfs met my gedagtes "skiet ek pylle", en soms selfs op my knieë. Vergewe my en verander vloeke in seëninge. Was my in U vergewings-Bloed.

By geleentheid speel dit voor my oë af. Suster Hulp was baie swak toe ek daar kom. Sy lê in die bed en ek doen 'n gebed vir haar... Skielik fluister sy: "suster sny die "teëgebede en vyandige pylle", in Jesus Naam af, van X af."Ek doen 'n kort gebed en vra die Meester om dit af te sny, in Jesus Naam. Sy prewel saggies, 'Amen', ek stem saam. Die volgende oomblik gooi sy die komberse af, staan op, vol krag. Toe Jesus Christus daardie gebed, of verwensing, of"saam stem-pratery", afsny, wat 'n vloek was, toe wyk die krankheid onmiddellik!! Die Vader het vir haar geopenbaar, van wie dit gekom het. Nou hier is die groot toets... kan jy in Sy Liefde vir daardie persoon bid? Soms weet die persoon nie, dat hy nou verkeerd doen.Net ons gebede, in Sy Liefde, kan daardie persoon red, het ek ook hierdeur geleer."Suster, as ons nie só vir suster se swakhede gebid het nie, sou suster ook nie verander het in baie omstandighede van die verlede nie." Ons moet altyd, voor ons uitmekaar gaan, vir elke persoon bid, wie se naam ons genoem het. "As ons swakheid by andere op let, en ons bid nie vir hulle nie, sal hul nooit verander, en sal ons skuldig daarvoor wees" gaan leering voort.

Wonderlike lewens lesse: "Weet suster ek word elke oggend in dieselfde stemming wakker, vrolik en in goeie gemoed. Die Here het vir my geleer dat dit 'n gawe is wat Hy aan my gegee het. Die rede vir my gemoed, dat ek elke oggend vir ander moet bid wat moeilike geaardhede en omstandighede het… hulle kan hulle self nie help nie. Baie keer wil hulle nie so wees nie… my gebede kan dan vir hulle help, deur die Heilige Gees."

Ek het al baie toetse gedruip… ek word soms kwaad vir die mense om my, wat so moeilik is, dan hoor ek die getuie, "bid vir hulle". Baie keer, as ek 'n "skietgebed" opstuur, dan verander die gesindhede onmiddellik tot meer vriendelikheid, en ek bevind my in 'n meer verdraagsame omgewing… Net soos hulle my ook maar baie dae net moet verdra, asof ek nou so volmaak optree, elke dag? Die Here Jesus sien alles!!

11 SY BLOED BREEK ELKE DONKER DIEPTE...

Op n rustige Saterdag, ry suster Hulp en ek na 'n dam buite die stad. Ons bestel vir ons 'n piekniek-mandjie, en gaan sit op 'n bankie tussen die bome... Die voëltjies sing asof hulle vir ons in kore sing. Die atmosfeer is so lieflik, 'n uitstappie saam met haar, was altyd so geseënd... asof salf op al die wonde wat die wrede lewe soms toedien, gesmeer word... Sy begin met my deel; "suster; van hierdie goed het nog nooit by my mond uit gekom nie, maar vandag moet ek dit vertel... terwille van die oplossings, ook vir suster. "Rustig vertel sy asof dit die mees alledaagse gebeure was... Sy gaan voort... "Suster weet, voor my eggenote se bekerings,verlossing, moes ek 'n donker pad stap. By geleentheid, wys die Meester deur 'n droom vir my, hoe 'n meisie iets in sy drankies gooi, en dit kom van 'n toordokter wat met sy bose kragte dan magte los maak oor hom, dat hy by die meisie bly. Ek bid en vra die Meester om, met Sy Bloed dit kragteloos te maak. Waarlik, na 'n paar dae, kom hy weer, vry van die meisie. Ek het nooit met hom daaroor gepraat nie, tot na sy bekering. Ek kon vir hom beskryf hoe sy gelyk het." Die teks... *Luke 8.17; "For nothing is hidden that will not become evident, nor anything secret that will not be known and come to light,"* flits deur my gedagtes. Nog nooit het ek gehoor dat die Heilige Gees so werk nie, maar waar is dit in my lewe aan die werk? Wonder ek...

Sy gaan voort; "dit was aan-en-af tye, dan bly hy lang tye rustig tuis,dan gaan hy weer weg, maar ek het net aangestap agter die Here Jesus aan... ek het bly saai in Sy koninkryk. My kindertjies was klein, maar nooit het ons honger gaan slaap nie.Daar was tye,wat ek in die geloof water in pot gooi,sout byvoeg,en begin kook.Niks om in die pot te sit,vir hongerte van kinders,later,klop aan deur en iemand stuur die Here met kos vir die pot.Soms het ek die tafel gedek,niks kos in die huis nie.Dan vra die kinders;"wat gaan ons eet mammie?""Die Woord sê,Hy sal sorg,en ek glo dit!"Later het ń buurvrou, met bakke kos gekom,wat oor gebly het,by restaurant,waar sy gewerk het! Ek het nooit seer gevoel, wanneer hy so weggaan nie,omdat die Meester geweet het,hy gaan een van Sy kinders word. Op 'n dag, terwyl ek swanger was, noem hy, dat hy nou na 'n ander vrou gaan. Hy sê dat hy nou moeg is vir 'n heilige vrou.

Hy gryp sy klere en frommel dit in hopies. Ek vat dit, pak dit vir hom netjies in, en sê vir hom; "Ek wil nie hê sy moet dink jy het 'n onnet vrou nie!" Weer droom ek van die vrou met die geel rok, en hoe erg sy oor hom is. Dit was 'n tyd wat ek moes vas en bid, soos nog nooit voorheen nie.

Baie nagte het ek op die vloer geslaap, en deur die nag gebid. Die babatjie is te vroeg, gebore, en ek was baie siek. Die Liefdevolle Vader het nie toegelaat dat ek sterf nie."Rustig omvou haar lewe voor my en ek sien sy was bereid om te ly en nooit te veg nie. Haar skrif was 2 Samuel 16 vers 10 *MAAR DIE KONING SÊ; "... WAT GAAN DIT MY AAN AS DIE HERE HOM TOE LAAT OM MY TE VLOEK, MISKIEN SAL DIE HERE MY GOED VERGELDE VIR DIE VLOEK WAT MY VANDAG TREF."*

Nege maande het verloop, ek was baie gelukkig in die Here sonder hom. Daardie dag na biduur, kyk ek op in die lug en sien duiwe wat so mooi patrone vlieg, en die son skyn so deur wolke, wat 'n baie mooi toneel skep. Skielik kom 'n gedagte;.. jou eggenote is oppad terug . Ek pleit by die Meester, ek sien nie weer kans nie. Ons gebeds- groepie bid saam, en die een suster noem dat sy dit ook so ervaar het, en dat dit sommer gou gaan wees. Sy gaan voort en sê, "nooit mag jy van verlede praat, wanneer hy terug is nie." In desperaatheid, vas en bid ek, pleit by die Here, "help my, ek sien nie kans nie." Weer kom die gedagte; "As jy jou man terug vat, doen jy hom nie 'n guns nie, ook nie vir jouself nie... Jy doen die wil van die Vader." Ek het daarna so geskrik suster, want ek weet ek moet my Vader gehoorsaam. Daardie Vrydag, waarlik... toe staan hy daar.

Hy sê, hy wil inkom,ek maak die deur vir hom oop.Hy wil kamer toe. Ek gee oor, want die Meester weet... as ek daar aangerand of dood gemaak word, dan is dit ook maar goed. In die kamer, sit ek op my bed en hy kniel. Suster, hy vra vergifnis, met trane, hy bely elke sonde moontlik en alles wat en waar hy "wat" ook al gedoen het, hy wil nou die Here dien. Ek sê... "Ja my man, ek vergewe jou onvoorwaardellik." Hy sê,hy wil net gou weer teruggaan, om die meisie na haar ouers te neem.Hy sal die volgende dag terugkom, en bied aan om in 'n ander kamer te slaap as dit my wil is.Hy begeer om saam met my en die gesin die Here te dien.

Hy vertel hoe hy en die meisie gereeld na 'n toordokter toe is, vir nog toor-goed, dat ek moet dood gaan, en natuurlik die baba moet verloor. Hy noem dat die toordokter gesê het dat my geloof baie sterk, daarom lewe ek en die baba nog. Ja my suster, mens kan nie sê dit is niks nie; dit is die magte en kragte wat Efesiërs 6 van praat Jesus Christus se Krag het my beskerm… dit is hoekom ek so baie moes vas en bid. Waarlik, volgende dag kom hy terug, en hy begin agter die Here Jesus Christus te stap. Die Here het hom so 'n lieflike man gemaak.

Mense soms by ons kom bly, om te sien, die Liefde van Jesus, in die huwelik. Ons hoor die volgende dag, nadat hy terug is, van 'n geweldige bus ongeluk, waarin daar net een persoon dood is, in die ongeluk… Ons vind toe uit dat dit die toordokter is wat oorlede is, in die ongeluk, en hier sit my eggenote in lieflike gees by die huis, totaal verlos…Al daardie magte gebreek. En weet, suster, ek het by Jesus daardie gesindheid gekry, ek het nooit verwyte oor die verlede gehad, toe ek sê ek vergewe jou waarlik, is dit wat ek gedoen het, met volkome hart. Dit was uit my, ons loop nou op 'n nuwe pad."

Die stilte rek na die vertelling klaar is, asof woorde nou te lig om iets te noem, te aards… Die Here se Krag ken geen einde…

Diep in my het ek nou geweet hoekom suster Hulp in my lewe moes kom… wie anders sou my dié soort goed geleer het? Ek het nog nooit 'kennis' gehad nie… ek het altyd gedink dat dit sommer nonsens is. Nou sien ek eers, as die ongewenste goed iewers in jou lewe is, sal jy dit moet beveg deur die Krag van Die HERE JESUS CHRISTUS, ook as jy bevryding en redding soek. Ek het al so baie gehoor, jy kan nie Hemel toe gaan op 'n wiegstoel nie, dit kos harde werk, om behoue te bly…

Met nuwe moed ry ek daar weg met getuienis, die Almagtige kan groot dinge doen. NIKS, NIKS IS TE GROOT VIR HOM NIE… Ek het water geskep, diep, diep uit die put van Waarheid… Met hoop in my binneste en geloof wat groei en groei… en groei… Eendag gaan ek ook ander mense kan help met die 'kennis'!

Ons het bid-tyd by sr Hulp, daardie dag sê die huishulp sy wil ook gaan en 'n kollega, gaan saam. Soos gewoonlik lees ons eers die Woord en gaan op ons knieë en bid… Die DIERBARE HEILIGE GEES, was daar en suster Hulp hou op bid en sê: "Suster ek sien 'n groot geel perske, mooi perske, iemand,wat by toordokter was, stuur dit vir suster se eggenote, as hy dit eet, moet sy liefde vir suster opdroog. Daar was 'n oomblik van doodse stilte toe bars huishulp los; "Mevrou, Mevrou, ek het Sondag oggend met die perske ingekom in die kamer, mevrou hulle nog in die bed .". Sy noem die naam van wie dit daar gebring het ,met opdrag dat sy dit vir my man moet gee... "Ek het te verleë gevoel om te sê dit is vir meneer gestuur, toe gee ek dit maar vir julle. Dit is die waarheid, wat suster Hulp nou praat."

2 Korinthiers 10 vers 4 "Want die wapens van ons stryd is nie vleeslik nie, maar Kragtig deur God om vestings neer te werp" vers 5 Terwyl ons die planne verbreek en elke skans wat opgewerk word teen die kennis van God en elke gedagte tot gehoorsaamheid aan Christus te bring." Wat 'n voorreg om te bid en die duiwel se planne te verydel. *Daniel 2 vers 22 "Hy openbaar ondeurgrondelike en verborge dinge, Hy weet wat in die duister is, en die lig woon by Hom."*

Net die Here Jesus Christus, het die diepte van donkerte geken waarin ek nou stap. Ek het ook ontdek, soos Joyce Meyer, in 'n program van haar gesê het; Die enigste manier hoe jy die duiwel 'n uitklop hou kan gee, is om jou getuienis orals te gee, en ander te help of te wăarsku of te red. Romeine 8 vers 28; *"En ons weet dat vir hulle wat God liefhet, alles ten goede meewerk, vir hulle wat na Sy voorneme geroep is".*

Al tak, wat ek nou aan kan vashou, in hierdie malende stroom water... is dat ek hierdie getuienis moet uitkry... baie, wat so sonder gebrek aan kennis is, soos wat ek, was en is, moet dit hoor.

Hosea 4 vers 6; *"My volk gaan te gronde weens gebrek aan kennis, omdat jy die kennis verwerp het, sal Ek jou verwerp, sodat jy vir My die priesterskap nie bedien nie, omdat jy die wet van God vergeet het, sal ek ook jou kinders vergeet."*

Dankie vir ure van gebed, soete ure, wat my asemhaling geword het. Ek het so baie gehoor, sonder 'n stryd kan jy nie Hemel toe gaan nie, dit is die stryd wat jou na Jesus laat soek. Ek het ook gehoor, en dit so waar, dat dit is 'n goeie stryd is, want so 'n stryd hou jou by Hom..!!

12 TAFEL GEDEK VOOR AANGESIG VAN DUIWEL…

Terwyl daar weer donker wolke saam pak oor my huwelik, en die harmonie en die vrede reeds iewers heen verdwyn het; (deur die dak, vensters? maar beslis weg)… bly ek net by die Meester se voete of onder Sy beskerming, en die Woord raak so 'n beskerming vir my. Ek ondervind elke deel is so waar en vir elke geleentheid is daar 'n antwoord. Baie aande is die atmosfeer so swaar dat ek net die Woord in my gedagtes roep en dan kom daar so kalmte oor my.

Dit is asof die Woord, bv: Ps 23 vers 1 *"Die Here is my Herder, niks sal my ontbreek nie."* Soos 'n wapen in jou gedagtes is. As ongelukkigheid wil oor neem in my, dan herhaal ek net in my gedagtes; "DIE" Here is my herder, Die "HERE" is my herder, Die Here "IS" my herder is, Die Here is "MY" herder, Die Here is my "HERDER" met klem op elke woord, is daar 'n ander betekenis, en so kom geloof in my op.

Nahum 1 vers 7. *"Die Here is goed, 'n toevlug in die dag van benoudheid, en Hy ken die wat by Hom skuil."*

Ek het baie toetse geslaag, ook al baie van hulle gedruip. Die Meester is so geduldig met my, of dan met Sy kinders. Ek ondervind, as ek nie so aan die skrifte vasklou nie, is dit asof 'n situasie my paniek-bevange maak… dis asof daar geen uitkoms met situasie gaan wees, maar die Skrif breek daardie bande. Baie dae, groot oorwinnings in my gemoed, deur net te sing: "Jesus loves me this I know 'cause the Bible tells me so".

Vir luiheid is daar nie plek as ek 'n sinvolle lewe hier op aarde wil lewe nie. Ek mag nie toegee vir emosies of vir my aardse gevoelens nie.

Ek moet gedurig losbreek, anders gaan 'n golf van die omstandighede bo- oor my spoel. Selfs vandag, wat omstandighede beter is, verg dit daaglikse oefening om voor die vyand te bly. Hy sal enige paniek saai, as ek aanhou dit op slurp… Daar gaan ek weer… ek sien net swart…

Maar wanneer ek sulke opbouende skrifte hardop lees of op 'n papier skryf en die hele dag lees,wyk daardie paniek. Die regte woord sou wees: as ek dit 'blindelings' glo. Ek het baie nagte terwyl ons op ons sye slaap met sy arm om my lyf, my vinger op die oop Woord langs my bed gehou, my vinger op gedeelte van oop bybel.Asof ek verklaar;"hier los ek U nie,tot ek oorwinning, kry nie! " Waarlik vandag kan ek getuig dat nie een belofte uit Sy Woord het ledig teruggekom nie.

Nahum 1 vers 9; "Wat wil jul beraam teen die Here? Hy maak daar 'n end aan; die benoudheid sal nie twee maal opkom nie"

Nahum1 vers 10; "Want al is hulle saamgevleg soos dorings, en soos hul drank so deur en deur nat… hul sal soos droë stoppels volkome verteer word."

Met geleentheid, kom die huishulp weer met angs by my; "mevrou ek moet vir mevrou waarsku. Die kinders en hul pa het gaan uit eet, hy het aan hulle belowe, hy sal van mevrou skei. Hulle is nou baie kwaad, toe hulle die kaartjie voor mevrou se bed sien, wat meneer geskryf het, hoe lief hy vir mevrou is." Ek het die bogenoemde Skrif vir dae lank gelees. Ek het voor daardie boodskap nie eens geweet wat "saamgevlegte" planne is nie. So het die Skrif ook elke keer die plan van die duiwel oorwin. Hy het nie van my geskei nie.

Nadat ek en my man terugkeer van 'n wegbreek,tydjie, sien ek ons bed lyk nie reg. Dit is nie netjies.Iemand het hier geslaap. Ek trek die duvet af, vind dat die bed vol aaratappelskyfies en krummels is.Soos die drie beertjies, wie het op my stoel gesit!?! Dit is die enigste plek waar ek tot dusver nog veilig voel, 'my hoekie'. Ek roep die dogter in en sy sê "Nee tannie dit is nie ek nie." Ek roep die huishulp… sy het dit natuurlik alles so gelos, dat ek dit kan sien: "Mevrou dit is die seun. Hy het 'n meisie met 'n kind onthaal, terwyl julle weg was." Iets binne in my breek… ek kan nie meer teen hulle vyandigheid veg nie.Die geveg is teen ons bed.

Ek stap uit en ry, net om asem te skep. Ek skakel suster Hulp.: " kan ons nie maar in my huis gaan bly en die kinders kan dan lekker woon in hulle eie huis nie?... "Die dogter was amper klaar met skool. Ek het nou so afsin in ons bed.Op daardie staduim, was my man op vroeë pension, so hy was elke dag by die huis, so wanneer ek gaan werk , kan hy na sy huis gaan.

Suster Hulp antwoord: "Suster kan vir hom vra, maar net as hy instem, want hy bly priester van die huis en suster moet onderdanig ook bly, die Here vereis dit. Wat hy dan antwoord, sal die Here se antwoord ook wees. Ons bid en vertrou... Spreuke 21 vers 1; *"Die koning se hart is in die hand van die Here soos waterstrome; Hy lei dit waarheen Hy wil."*

Daardie aand, vra ek, of ons nie maar in my dorpshuis kan gaan bly nie? Hy antwoord: "ja, want ek kan nie meer so tussen jou en die kinders staan nie, my hart sal ingee, die stress is te veel vir my, laat ons dit doen." Ek prys die Meester, dit is 'n wonderwerk, sy hart was in die hand van die Meester!!

Die huurders in my huis, was 'n jong paartjie, en ons ooreenkoms volgens kontrak was twee maande kennisgewing aan beide kante, en hy was 'n jong advokaat! Ek gee hulle die twee maande kennis... dit was die 1ste September. Vriendin no 3, was baie ontsteld, sy voel die Here sal nie so werk nie!Dat ek en hy in my huis bly. Soos altyd gaan vra ek toe deur die Skrif vir die Meester om te bevestig.

So getrou is die Vader hart, as ek opreg is!

Haggai.2 vers 18 ; *"Merk tog op van hierdie dag af en verder, van die vier en twintigste dag VAN DIE NEGENDE MAAND... vers 19 VAN HIERDIE MAAND AF SAL EK SEËN...vers 20. VIR DIE TWEEDE MAAL HET DIE WOORD VAN DIE HERE TOT HAGGAI GEKOM OP DIE VIER EN TWINTIGSTE VAN DIE NEGENDE MAAND..."*

Verstom sit ek en bid die Vader; "Dierbare Meester, hoor ek reg, ek trek op die 24ste van September reeds? Is dit U bevestiging?"[dit was spesiale Woord vir my, besef dat Joodse maande,nie soos ons kalender.]

Die volgende week gaan ek na die huurders toe en vra of ek goed daar kan kom stoor. Ons wil juis met jou praat; "Kan ons asseblief op die 24ste September uittrek, op die vakansiedag? ons het 'n plekkie gekry, dan wag ons nie die twee maande tot die einde van Oktober nie. "Ek antwoord net saggies; "Dit pas my goed" Woordeloos ry ek daar weg... Die Vader se Liefde is 'n werklikheid... Haggai het gesê van die 24ste van die negende maand, en toe verander die Here hulle saak, en ook myne, dag en datum!!

Waarlik die 24ste toe trek ons in!! Met diep Vrede binne-in my, het ek beweeg, in Sy volmaakte wil. Dit het vir baie dinge gehelp… met verjaarsdae of spesiale etes; dan het ons almal saam by my huis geëet en gekuier.

13   AS DIE VADER SELF VEG...

Haggai 2.20 Vir die tweede maal het die Woord van die Here tot Haggai gekom op die vier en twintigste van die maand en gesê; vers 21. Spreek met Serubabel. Die goewerneur van Juda, en sê; Ek sal die hemel en die aarde laat bewe.vers 22. En EK SAL DIE KONINGSTRONE OM VER WERP EN DIE MAG VAN DIE HEIDENSE KONING VERDELG; EN EK [JHWH] SAL DIE STRYDWAENS EN DIE WAT DAAROP RY, OMVER WERP en die perde en hul ruiters sal val, die een deur die swaard van die ander.vers 23. In die dag spreek die Here van die leërskare, SAL EK JOU NEEM, SERUBABEL, SEUN VAN SEALTIEL, MY KNEG, SPREEK DIE HERE EN JOU MAAK TOT 'n SĔELRING,WANT JOU HET EK UIT VERKIES.

Die kaste in die kombuis onder die wasbak se hout vrot, en ek baie ongelukkig. Dit sal moet uit, en ek het nou baie spandeer aan ander veranderinge, gevolglik is daar nie finansies, vir dit ook nie. My man was baie skaam, om voor die bure van jare, uit sy huis te trek. Hy, die dogter en dié se vriend het daardie naweek gaan vis vang, ek het alleen die trekkery waargeneem. Die Sondagaand in die diens, kan ek aan niks anders dink as die stinkende kas, en my gemoed is swaar. As of iets vir my sê, prys die Meester en gee oor. Ek begin prys die Meester en dwing myself om na die Woord te luister.

Die aand, net voor ons slaap, noem my man; "ek het die kasmakers gevra om te kom kyk na kombuis kassie. Ek sal vir jou 'n ander kassie insit. "Die Meester darem! Hy was nog vanmiddag kwaad oor die trekkery.

'n Wonderlike lewe begin om te ontvou, soos die Skrif genoem het "nou bou Ek jou op." Dit is 'n veilige kompleks, en van my vriendinne woon daar, Ons besoek gereeld en bid lieflik saam. Ek maak my plekkie soos ek dit graag wil hê, en ek lewe weer. Die bevryding was soet, net soos werks etiek... jy moet 'n wen-wen situasie kry. Altwee partye moet tevrede wees. Ek gaan besoek 'n vriendin in Engeland. Terwyl ek van die bus af klim, roep sy uit; "wat is anders aan jou, jy lyk heel anders, die gewig wat in jou gesig was, is weg." Ek deel haar mee van die terug-trekkery. Ja, sy kon dit op my gesig sien! Die Meester alleen kan ons lot verander.

Baie verbaas vra my man: "Hoekom het jy vanoggend gesê, "oppas vir die Linda {skuil naam}?" Heel dag bly dit by my... Die woorde het uit my mond gevloei... Weet nie wie die Linda is nie, maar dit kan dalk die Woord van die Hemelse Vader wees? Hy gaan voort en noem dat hy "toevallig" vandag vir haar gesien het, ń vorige kollega! {dit was terwyl hy nog gewerk het}. Ek gewaar; hier het die Vader nou iets aan my geopenbaar, want hy lyk baie ongemaklik oor die openbaring. Ek kon net bid; "Meester U weet alles"

'n Tydjie daarna, gaan ons weer vir 'n naweek weg. Net ons twee.Die Vrydagaand lyk hy bleek en ontsteld. Hy kon dit nie vir hom self hou nie, en bars uit; "Iets verskrikliks het gebeur toe die Linda by haar huis kom, gisteraand, het haar man wat in rystoel is, sy pistool op haar gerig, soos sy by deur instap, het hy haar geskiet. Sy het daar gesterf!."

Daarna het die huishulp weer met die verhaal uitgekom!Hulle was voorheen in 'n verhouding... hy (my man) en die Linda, en dit het nou weer begin in ons huwelik... Dit het my laat wonder of haar man dit ontdek het? Ek kon sien dat hy baie ontsteld is, In stilte het ons verder gereis ! Die Meester, het my kalm gehou. 'n Vrou kan baie dinge diep aan voel... en ek het geweet, hier is 'n diep geheim of verborgenheid. Ons het nooit weer daaroor gepraat nie. Jesus Christus weet die hoekoms en die waaroms...?

Maar een ding het ek geleer, dit wat ek moet weet, kom altyd in die Lig. Selfs as sondaar moes my eggenote die hand van God gesien en gehoor het. Ek het opgemerk, hy het met meer respek na Jesus Christus begin kyk. Dit was nie 'n verbygaande fase nie, maar 'n werklikheid!! Tot die naam, kan die Here van derde partye gee.

Markus 10 vers 9; "Wat God dan saam gevoeg het, mag geen mens skei." Ander vertalings noem "mag geen derde party skei"!! Nie my woord, Die Woord van die Lewendige GOD!!

Een aand sit my eggenote en 'n familie lid van hom op die stoep en kyk na die kerkgangers. Die familie lid,maak lelikste aanmerkings oor hul wat na die pinksterkerk, waar ek baie besoek,op pad is.Ek so geskok, dat hy so kras kan praat van die kinders van die Here. Hy het ook by geleentheid my aangeval, omdat ek by 'n ander nasie se kerk besoek af lê, ek was so verbaas oor al die uitbarstings.

Daardie selfde woensdag, bel die familielid benoud, hy is afgedank by sy werk! So het ek baie dinge van vergelding gesien. Ek sal liewer nie veg teen die Here nie. Ek het gesien dit is gevaarlik… Jare daarna het hy ook bekeer, en hy het gesterf aan kanker, en elke keer as hy in hospitaal was, het hy vir my geroep en ons het saam gebid in liefde… Daar is niks wat die Here nie kan doen nie.

Johannes 3 vers 16; "Want so lief het God die wereld gehad, dat Hy Sy enige gebore Seun gegee het, sodat elkeen wat in Hom glo, nie verlore mag gaan nie, maar die ewige lewe KAN HÊ."

Sy ewige Lewe vir almal!!

14 DONKERSTE WOLKE PAK SAAM

Voor ons uit sy huis getrek het, was daar hewige rusies. Die dogter het gekla dat sy depressief bly.Haar vriend het vertel dat sy ongelukkig is, in die huis en baie klagtes het. Meeste was seker maar teen my… maar ek het gevind dat sy baie jok, en dat iets is nie reg is nie.

Ek ken net een pad, bid en nogmaals bid… Baie dae het ek op haar bed gaan lê, en die Here aangeroep om hierdie magte te breek. Ek het selfs haar kussings ge-olie in die geheim. Daar was dan rustigheid.

Suster Hulp vertel my die verhaal; "Suster weet, daar was baie donker tye wat ek desperaat was voor my man se bekering, en toe leer die Meester my. Ek maak die Bybel oop by Ester 4 vers 3 {1933 vertaling}; *"… was daar groot rou onder die Jode met vas en geween en rouklaag; baie het SAK EN AS ONDER HULLE UITGESPREI."* Ek het die teks vir my gevat en dit toe gepas. As ek nie oplossing met 'n saak kry nie, vas ek en gooi 'n sak oop op die vloer, gooi as daarop, ek trek ou klere aan,bid op die sak, soms rol ek daarin. Alles in die geheim… as daar niemand is. Ek het al gesien dat die Here satan se magte kragtig breek as ek so desperaat roep vir 'n oplossing."

Dit is net vir ons wat regtig desperaat 'n oplossing soek, soos Skrif noem "rouklaag". Om uit te vind dat jou kind in dwelms of dergelike dinge betrokke is, is 'n verskriklike ervaring, mens kan beswyk van skok, as die Here nie help! Ek het dit baie toegepas, tot vandag nog. Baie keer het ander gebedsmaats wat in hewige stryd was, saam op sak en as gebid… selfs vir ons eie swakhede ook, wat ons so vashou.

 Soos baie mense noem: "aanvaar dit wat vir jou werk en los die res." As dit nie vir u is nie, is dit reg so, maar ek het al wonderlike oplosssings op dié manier gekry…

Daar was oproepe van haar vriende se ouers, wat gesien het dat sy baie dronk was. Haar pa het geweier om dit te glo. Sy het dan die ouers gebel, terwyl hy luister: "wat se nonsens praat oom!" en… dan is hy weer tevrede. Die episode van die dagga het ook nog tussen ons gelê. Ek het bly bid: "Meester bring die waarheid uit… Asseblief."

Daardie Sondag middag, hou verskeie vriendinne se ouers voor die huis stil. Ek weet onmiddellik,hier is nou groot fout!. Sy was weer vir die naweek uit. My eggenote stap uit, want hy wil nie in die huis met hulle praat nie. Ek kyk deur die venster en sien soos hulle met hom praat, sak hy op sy hurke en sit op die gras. Hy was nie in staat om te staan nie. Ek het wel gehoor dat hulle vir hom noem dat al hulle kinders en sy dogter ingesluit,gevang is waar hulle verbode middels gebruik het.Sy bel 'n rukkie later; "Pappa alles is reg, ek is klaar by 'n plek vir hulp. Alles sal reg wees" Vir my word daar toegesnou: "Nou ja die wiel het nou gedraai, is jy nou tevrede?Dit was al hoe hy dit kon hanteer. Met iemand moes hy baklei, en hy onthou nie hoe ek gevra het ons moet haar saans gaan haal as sy so uit gegaan het. Die vriende se ouers het beurte gemaak, dan kan mens mos sien hoe lyk hul oë ensovoorts… Hy het nooit gedink dit nodig nie.

Dit is die dwelms wat haar depressief gemaak het… dit gee mos op en af emosies Wel, dit was nie so maklik nie. Duisende rande later, en met baie hewige rusies, kon sy nie los kom nie. Die enigste weg is in Jesus Christus. Die dogter en haar pa het Hom egter bly verwerp; "Ons sal vir almal wys sy gaan reg kom."

Alles het uit die huis verdwyn, selfs sy kitaar was gesteel. Ek wil nie eers hier oor skryf nie, maar so baie ouers gaan deur dit. Een aand terwyl hy stort en sy beursie in vensterbank,kom haar hand deur en sy steel die beursie. Hy was gebroke… sy liefling laat lam dogter steel!!

Hy het by geleentheid genoem dat hy dink die dood sou makliker wees…

Haar jare lange vriend van skool dae, kom pas uit rehabilitasie en sy besoek hom. Hulle het die aand blykbaar weer van die dwelms ingespuit en gebruik. Sy is daarna huistoe, en die volgende dag, (sy ouers was weg vir die naweek), kry die huishulp sy lyk in die huis. Blykbaar omdat hy so lank skoon was, het hy te veel gebruik, en seker opgehou asemhaal. Daar is nie 'n groter hel as die dwelms nie!!

Ek was deur verskeie ouers gekonfronteer oor die saak,hul het gevoel,dit was haar skuld. In haar guns, dit was sy keuse om dit te gebruik. Sy was in 'n geweldige emosionele toestand, en ek het weer probeer om vir haar hulp te kry. Suster Hulp en gebedsgroep bid en vertrou saam. Op hierdie staduim was hy ook behoeftig vir hulp.

Hy het die gebede waardeer.

Die dogter het haar self weer uit die Karl Bremer sentrum ontslaan... ná die eerste fase van onttrekking. Hul gee vir jou net een kans,want dit is op die staat se koste. Die beraders en die oorlede vriend se ma het kom pleit, dat hy 'n hof bevel moet kry om haar te dwing vir hulp. Hy het egter geweier... daar mos die ouers wat optree met strengheid en die wat saam met kinders ingesleep word. Hy kon nie by "Tough Love" kom!

Net die Meester kan daarmee help. Ek het ander ouers ontmoet wat gelowig is en hulle het by die Vader gepleit om hulle hart,hard te maak. Ons het eendag (voor hier die gebeure) by die sportklub 'n ou vriend van my man raak geloop. In die gesprek noem hy toe van sy broer wat in die dwelms verval was, en hulle as familie kaal gesteel het, vir dwelm geld. Sy ma het bly beskerm en jammer gekry, en op 'n dag het hy geld ge-eis van haar en sy ma hardhandig geruk en pluk.

Sy ma het toe besef dit, het te vêr gegaan het en hof bevel gekry wat hom gedwing het deur 'n hofbevel, om vir behandeling te gaan. Terwyl hy daar was, bel hy sy ma. Toe sy, sy stem hoor- sê sy: "ek het nie meer 'n seun nie"- en sit die foon neer. Hy vertel verder dat dit die seun so geskok het dat hy tot vandag toe nog... sewe jaar daarna,nog skoon is.

Ek het persoonlik 'n paar dierbares ontmoet wat deur Jesus Christus verlos is van die dwelms,nadat hul Jesus Christus in hul lewe genooi het.Saam, baie geestelike werk gedoen.Die een person, vertel;baie aande gehoor,sy ouma bid vir hom.Die Here se Krag het hom gehelp om vir sewe dae te vas en bid. Hy is verlos sonder onttrekking-simptome. Daar is 'n bo-natuurlike verlossing ook.

My waarneming is dat daar net verlossing in Christus is. Ek verstaan daar 'n Christelike sielkundige wat met die verslaafde mense werk en dan vra hy hulle, of hulle Jesus wil aan neem as hulle persoonlike Saligmaker. As hulle nie wil, dan noem hy vir hulle dat hy anders nie vir hulle 'n oplossing het nie. My man het later sy huis verkoop 'n kleiner plekkie gekoop waar die dogter toe in trek, en haar broer het by sy meisie in getrek.

Daar was 'n aand wat hy laat ingekom het van die sportklub af en baie gou aan die slaap geraak het van te veel alkohol. Iets dryf vir my om in sy beursie te kyk. Ek maak oop en hier is vele bank strokies soos hy geld onttrek. Ek skrik my boeglam... Van al die huis-verkoop, geld is daar net 'n bietjie oor, en ek sien dat hy trek meer as dertig duisend Rand per maand!(na huishoudelike uitgawes) Ek besef hy koop vir haar die dwelms, sodat sy nie moet steel nie. Sy was in hegtenis geneem, verskeie kere, diefstal, by winkels. Sy het my vertel, hoe val 'n mens rond agter in die polisie vangwa, want daar is nie vashou- plek nie. Mens lag maar saam, maar weet ook dat dit 'n pad is wat ek nog nooit van gehoor het, wat ek nou stap.

Ek val op my knieë neer en die donkerte van mismoeidigheid sak. Ek praat met die Meester terwyl ek baie benoud is, dit maal in my gedagtes; "Wat as die geld op is?" Wat naby is. Meester help! Wat gaan van my word? Hy gaan my dwing om te help. Ek mag nie U geld vir dwelms gebruik nie"

Ek kry geen antwoord nie en raak meer paniekerig terwyl hy slaap. Skielik kom 'n gedagte soos sagte windjie oor my: "As jy nie nou vir My begin Prys en so in die geloof kom, gaan jy in die diepste depressie gat val en bly." Ek skrik so groot! Dit was mos nou die Meester se stem. Ek voel nog net so mismoedig, maar ek begin hardop praat; "EK PRYS U MEESTER, EK PRYS U MEESTER, U is my Herder!"

Die volgende dag as paniek oor my wil kom, dan herhaal ek net; "EK PRYS U MEESTER". So het ek vir dae lank aan gehou. Die geld het opgeraak, en dit was vreeslike tye, soms het hy nie geld vir sigarette gehad nie, en ek mag nie net gee nie. Dan het hy werkies gedoen, die gras gesny dan betaal ek hom, of soms sommer goed gegee soos 'n klein musiek sentrumpie, wat hy nog vir my gegee het, dan weet ek hy gaan dit verkoop om vir haar dwelms te kry.

Die Meester het my getugtig oor daardie 'jammer kry', want ek het gehelp met die verkeerde. Toe leer ek hoe gevaarlik is die verkeerde 'jammer' in die Godheid. My geld het ook soos water deur my vingers begin verdwyn. Ek het elke maand my tiende deel gegee, maar tog het alles verkeerd begin loop. Op 'n dag toe ek weer bid en die Meester raadpleeg, oor wat nou gebeur het, kry ek weer 'n antwoord in die stille aand windjie; "EK het nie vir jou aanbeveel om alles uit te deel vir die soort situasie nie. Al hoe Ek jou kan leer dat jy gehelp kan word om los te kom, is as jy self ook geld verloor!"

Ek, nooit gedink dit is verkeerd van my om so uit te help nie. "Ag Dierbare Meester vergewe my, red my, verlos my, van die sonde, was my in U BLoed." Dit is my persoonlike ondervinding, daar is 'n verkeerde gee, jy gee die Here se seëninge weg. Dit kan jou in armmoede dompel. TOT vandag toe het ek nog nie weer 'n musiek toestel kon koop nie en mis só om die geestelike radio stasie se musiek te luister. Huidiglik het ek 'n goedkoop radio wat kraak en gou van die stasie af beweeg, want ek het my seëninge gegee, vir Cash crusaders.

Daar is wel 'n maandelikse pensioen, wat hy van sy oorlede vrou gekry het, maar skynbaar was dit te min om sy uitgawes in alle opsigte te onderhou. Ek was nie bewus van die bedrag wat hy daaruit gekry het nie, ons banksake was apart.

In hierdie diep donker tye merk ek op dat selfs van my maandelikse vleis verdwyn,en baie ander dinge! Ek neem aan dat dit seker maar vir die dogter geneem word. Terwyl ek hierdie steil bult, soms kruip en soms klim, kom daar skielik 'n uitkoms.Net mense wat al in die situasies betrokke was ,sal weet hoeveel stress dit vir jou liggaam is. Een aand het ek die witpoeier in sy beursie gesien, en besef, dat hy self al die dwelms by die handelaars gaan koop.Sodat sy nie weer in tronk beland nie. Asof hy liewer gevang kan word! Die situasie was baie donker.Ek stem nie saam met wat hy doen nie.In stilte,biddende,het ek alles vir die Here Jesus Christus vertel.

Terwyl ek so moeg en uitgeput is van al die spanning, sien ek 'n advertensie van 'n projek, wat ons hospitaal vir 6 weke lank in Engeland aanbied. Ek doen dadelik aansoek en bid saam met my gebeds-vriende.Alles dui daarop dat dit in Sy wil is dat ek gaan. In daardie tyd gaan sy seun deur liefdes probleme. My eggenote voel ook goed dat ek gaan, dat hy meer tyd en aandag aan die seun,kan gee.Die Here darem… ek was eerste een by ons hospitaal, wat goed gekeur was om te gaan!!

1Korinthiers 10 vers 13; "Geen versoeking het julle aan gegryp behalwe 'n menslike nie; maar God is getrou, wat nie sal toelaat dat julle bo julle kragte versoek word nie; maar Hy sal saam met die versoeking ook die uitkoms gee sodat julle dit sal kan verdra."

Wat 'n Liefdevolle Vader het beheer oor my lewe? Dit was wonderlike tyd... in my af dae, met toelae wat ons gekry het, het ek die wêreld plat getoer. Skotland, Ierland selfs Frankryk en Switserland besoek. Vol moed en krag kom ek weer terug met baie berge wat in die see lê.

Die geld situasie was nog steeds baie sleg. In al die benoudheid sien ek 'n advertensie van 'n sportklub wat 'n bestuurder soek. Ek wys dit vir my man, hy doen aansoek. Daar was vyf en twintig aansoeke. Daardie dag toe die vroutjie my skakel en noem, my man het die werk gekry, toe huil ons saam. Dit het ons situasie baie verander, ek minder gestres en die ekstra salaris was voldoende.

Die Dierbare Heiland is naby die Liefdevolle Heiland, sing ek die hallelujah-lied. Nou leer ek ook wat geloof is, al voel jy niks al sien jy niks, sê net hardop; "Prys die Here"... met 'n sprankie van hoop. Hy kan die onmoontlike doen.

Spreuke 3 vers 6.; "Ken Hom in al jou weë, dan sal Hy jou paaie gelyk maak."

Markus 10 vers 27 "Maar Jesus het hul aan gekyk en geantwoord; By mense is dit onmoontlik, maar nie by God nie; WANT BY GOD IS ALLE DINGE MOONTLIK."

Ja, waarlik, ek sou in daardie put gesak het, as ek nie geleer was deur die Heilige Gees, dat die swakste geloof die swakste prewel, "ek glo Here". kan Sy hand in beweging bring.

Hebreers 11 vers 6.; "En sonder geloof is dit onmoontlik om God te behaag; want hy wat tot God gaan, moet glo dat Hy IS... en 'n beloner is van die wat Hom soek."

15   OPSOMMING VAN SITUASIE…

Nadat ek die witpoeier in sy beursie gesien het, het ek dit vir hom genoem. Dit was glo iemand by die klub s'n wat hy moes afneem van die persoon… of so iets?

Asof hy baie skaam was. Hy het al hoe minder gekom… gereeld by haar of by van sy vriende naby ons, geslaap. Ek het niks gevra nie… Met Jesus aan jou kant kry jy groot Vrede. Asof ek, soos ek hom bo die Meester gestel het, nou tevrede moet wees en Jesus weer eerste kry in my lewe, en nie huil oor hom.

Alles het makliker geraak. Ek het nie meer die volle gewig van situasie gedra nie.die goeie Herder het my beskerm, want dit was soos 'n maalkolk wat jou wil af- en af trek,die donkerte in.

Dinge het baie slegter met hom gegaan. Terwyl ek so pleit by die Here, lees ek die verhaal van Noag en die ark. Genesis 6 vers 16" 'n Opening moet jy aan die ark maak,en op die maat van 'n el moet jy dit aan die bo kant af werk en die deur van die ark aan die sykant insit….".Genesis 7 vers 16" ….En die Here het agter hom toe gesluit."Dit word vir my duidelik… Daar was net een venster of uitkyk punt en dit was na bo… so Noag kon nie buite sien,wat gebeur! So is die Here nou besig met hom, dit is asof ek in die ark is. Hy het die deur van buite af toe gemaak. Ek sal beswyk as ek moet sien waardeur hy nou gaan. Alles tot redding van sy siel.

By geleentheid, kom haal hy vir my dat ons saam kan gaan eet, (ons huweliksherdenking).My dagboek se skrif van daardie dag het 'n boodskappie in gehad van vrede in die oog van 'n storm. Ek lees dit vir hom en noem vir hom dat as ons, ons sondes bely kan Hy ons verander,en ons omstandighede.

2 Kronieke 7 vers 14 en my volk oor wie My Naam uit geroep is,hul verootmoedig en bid en my aangesig soek en hule bekeer van hul verkeerde weë ,dan sal Ek uit die hemel hoor en hul sonde vergewe en hul land genees.

Hy skrik en sê: "Ek kan nie my sondes voor jou bely nie", hy kniel wel. Daardie dag bid ek my hart uit... Ek het nog nooit so gebid nie. Ek vertel vir die Meester dat ek nooit so 'n huwelik wou hê nie, ek wou graag hê dat dit soos my ouers se huwelik,moes wees. Ek vra die Here van die leërskare, om hom te vergewe, hy het nie in 'n Godsvresende omgewing groot geword, hy ken nie U lewe nie. Ek vra vergifnis vir elke keer wat ek verkeerd teenoor sy kinders opgetree het en teenoor hom. Selfs nou kan ek nie alles uitspel.Ek het my hart uitgestort voor Abba Vader. Die Krag van die Here het so neer gesak, toe ek my oë oop maak,loop trane uit sy oë. "sjoe vrou, nou het jy my darem vêr gevat". Hy probeer my 'n drukkie gee, maar was nie in staat om sy arms op te lig nie. Die Krag van die Lewendige God was op hom.

Ek vra hom "wat verhoed jou om die Here aan-te-neem,of in te nooi in jou lewe?" Hy antwoord: "Wens ek het geweet, maar dit is nie wat jy dink nie," (Ek dink hy bedoel ander vrouens), ek gaan verder "vandag vra ek jou vergifnis, vir alles waar ek jou en jou gesin kwaad aangedoen het of vir jul seer gemaak het of vir jul laat struikel het, en ek vergewe jou onvoorwaardelik vir alles waar jy my te na gekom het... As enige iets gebeur na vandag, sou een van ons byvoorbeeld sterf of jy wil skei of weg dryf is jy vry... ek spreek jou vry en ek is ook vry voor die Here."

Dit het alles gebeur op ons huwelik se herdenking!! Ons het toe nooit gaan uiteet nie. Ek was in die sewende hemel van geluk asof hy sy lewe vir Jesus gaan gee. In hierdie lugborrel waai ek hoog in die lug rond... niks maak saak nie. My radio is op Tygerbergradio se frekwensie in geskakel, terwyl ek ry. Daar kom getuienis van 'n afgetrede evangelis wat terug keer na Engeland, sy tuisdorp. Terwyl die boot die hawe inkom, hoor hy die orkes speel en mense drom saam. Ja dink hy; "Ek het hard gewerk vir die Here, ek verdien nou hierdie ontvangs". Toe hy uitstap sien hy dit was vir sokkerspan op die boot en nie vir hom nie.

Diep teleurgesteld dink hy maar ek het ook baie groot dinge gedoen. Hy vertel dat hy 'n sagte stem hoor in sy binneste: "Seun jy is nog nie tuis nie, dáár sal trompette vir jou blaas".

My lugborrel bars skielik toe ek besef ek is nog nie "tuis" met hierdie saak nie.

Waarlik, na daardie tyd het hy nóg minder gekom. Watter wonderlike God dien ons, Hy doen dinge reg. Ons moes eers vergifnis vra en gee. Dit is asof die Vader die 'seperation' self op, Sy eie manier bestuur en doen.

Op daardie staduim woon ek, (hy,so elke drie weke daar) in ruim huis. Groot tuin,baie instandhouding. Ek sien 'n lieflike huisie in aftree-oord, en my hart op die huis. Ek nou net so oor vyftig lieflike jare, jonk. Hy skrik baie groot toe ek hom daarvan inlig. Die Here werk alles uit,ek kry kontant aanbod op daardie huis van my, en ek trek na die aftree-oord. My gelowige broers en susters doen my trek. Dit het gevoel, soos dit seker moes voel, toe Abraham opgepak het en met sy goed getrek. Dit was 'n baie kleiner plekkie, maar selfs my klavier kom in en 'n paar beddens en matrasse hang aan die dak van garage en die fiets hang teen muur, maar alles ordelik en netjies gedoen.

Na alles in, bid ons saam en broers salf die huis met olie, en bid dat net die wat Jesus hier wil hê, sal besoek.

Ander suster, in die Here help my uit pak, en alles netjies te kry. Wat 'n wonderlike geestelike familie het ek nou.

My man sê hy wil graag kom kyk hoe lyk die nuwe plek, en ons maak 'n afspraak vir die volgende dag. Ek hoor niks van hom nie en by 12h00, dink ek, hy gaan nie meer kom, dan sit ek onnodig en wag. Ek ry uit om by sr Hulp te gaan bid. Oppad kry ek hom waar hy gaan stap vir oefening, na sy dogter se plek. Nooit het hy weer gevra om te kom kyk nie of ooit op gedaag nie. Daardie gebed was ons afskeid van Die Vader se kant.

Soms sien ons mekaar as hy iets kom haal by hospitaal. Ons gesels lekker en in groot vrede.

Ek kry inligting, dat dit op hierdie stadium, erger met hom baie sleg gaan, en dat hy sy bakkie verloor het. Sy dogter se seuntjie is nou so vyf jaar oud en hy is baie lief vir hom. By so 'n hospitaal gesprek bars hy in trane uit en noem dat die seuntjie, gevat is deur die pa. Sy dogter is blykbaar weer gevang met dwelms en het die seuntjie verwaarloos. Hy mag op daardie stadium die seuntjie nie sien.Ek vra of gebedsgroep en jongmense wat verlos is van die dwelms, deur Jesus Christus, nie vir haar kan bid en besoek nie, en hy antwoord "Wil sy gehelp wees?" Ek het so geskrik, want hy het altyd hoop gehad.Hy is by vriende van sy oorlede vrou,hul ondersteun hom wonderlik met sy dogter en seuntjie en ook met sy ouer seun.

Ek kry een nag 'n droom dat sy neus, rooi gehuil is,en hy in erge toestand van angs. In die droom sê ek vir hom dat as hy nou erken voor die Here dat hy skuldig is, aan sy dogter se verval, omdat hy nooit wou luister en iets aan haar gewoontes wou doen nie... dan sal die Here die saak verander en dit sal beter met hom gaan. In die droom is sy baie groot en wil niks weet van bid nie. Hy het wel erken hy is skuldig in die droom.

'n Paar dae daarna sien ek hom by sy werk uitkom en roep hom. Ek verduidelik dat die Here soms met 'n mens praat deur drome en gee so 'n boodskap af. Ek vertel hom en verduidelik as hy sal bid soos ek saam met hom gebid het, en sy sondes bely by die Here dan kan die Here sy saak verander. Hy is 'n trotse man en hy hou net aan sy sigaret vas en begin bewe en huil onbedaarlik. Hy draai om en stap weg, bang sy vriende sien hom so huil. Ek roep agterna "onthou Jesus is baie lief vir jou!" Ek toe oppad na een van ons ere-dienste. Ek bewe,dit voel asof alles in my bewe; ek het hom nog nooit so gesien nie. Ek voel amper histeries. Ek wil help, maar weet nie hoe nie. Hier kom die ark gedagte nou weer, met net 'n venster bo. By die diens, vra ek 'n betroubare suster om saam te bid. Die volgende dag bel sy my en noem dat terwyl sy bid, sy ge-ervaar, dat ek op punt van histerie is. Vir dae was ek in daardie toestand,terwyl ek dink wat ek kan doen om te help.Ek kry oproep van 'n ouer suster in Worcester. Ek vertel haar hoe ek voel en wat nou gebeur het. Wonderlik onderskei sy die saak en vertel dat die Meester nou vir haar 'n prentjie wys. "Suster ek sien nou dit is oor sy dogter wat hy huil nie oor suster nie, Suster moet nugter bly,die duiwel wil deur die jammerte,weer al die gewig op u sit." "Dankie Meester," en weereens skrik ek myself nugter...

Dit is nou al 'n jaar daarna en waarlik hy moes op sy eie gaan bid het soos in my droom en aan die Vader erken het. Hy lyk beter en selfs gelukkiger. Met 'n "o, ek is darem bly ek kan sien dit gaan baie beter met jou" ry ek weg. Ek voel waarlik so verlig dat dit met hom beter gaan, seker Jesus se liefde. "Jy in jou hoekie en ek in myn" sing 'n koortjie in my gedagtes! Dit was ons gesprek, hy vertel my van sy nuwe motor. Hy bly nog steeds by sy vriende en sy dogter kom elke dag na hom toe vir kos of iets. Hy kry elke tweede naweek die seuntjie "Weet jy… hy is so 'n normale dierbare kind, na alles wat hy deur is met sy ma" Die Liefde van die Vader darem.

Mathew 5 verse 44… "But now I tell you; love your enemies and pray for those who persecute you, so that you may become the sons of your Father. FOR HE MAKES HIS SUN TO SHINE ON BAD AND GOOD PEOPLE ALIKE AND GIVES RAIN TO THOSE WHO DO GOOD AND TO THOSE WHO DO EVIL"…

John 3 verse 19 "And this is the condemnation, that Light is come into this world, and men LOVED DARKNESS RATHER THAN LIGHT, BECAUSE THEIR DEEDS WHERE EVIL"…

16 SO LEER KEN EK UITREIKINGS SAAM MET SUSTER

Na 'n paar maande van saam bid, nou en dan haar bediening besoek, noem sy dat hulle 'n plattelandse dorp gaan besoek, so nege ure se reis van die Kaap af.

Ek het 'n klein operasietjie gehad en met nog twee weke siek verlof, bied ek aan om hul te neem. Ek kan daar rus en verder aan sterk. Hul pastoor, was 'n ware herder, en hy stuur nog 'n ouderling saam, want hy voel ons kan nie net susters gaan nie. Hy is ook 'n goeie, bestuurder en kon my dan af los, by tye.. Hulle betaal toe al die petrol, gee nog 'n padkos geldjie ook, ware gesins bediening.

Ek het by 'n wildsplaas buite die dorp plek bespreek.

Hier begin wonderlike lesse vir my om te leer. Ons rit was baie geseënd... al biddende ry ons die distansie. Hul bid by elke stop, bedank die Meester vir sy bewaring. As ons dan weer vertrek, bid hul weer vir veilige reis vir die pad wat nog voorlê. Vir ń eerste keer hoor ek die gebed "Meester help ons dat ons nie kwaad raak vir mekaar op die pad nie maar in Vrede mekaar sal verdra". Hulle verduidelik vir my dat op grond van Josef wat dit vir sy broers gesê het, bid hulle ook dit.

Genesis 45 vers 24; (1933) "Daarop het hy sy broers weg gestuur, en hulle het vertrek, en hy het vir hulle gesê; Moenie vir mekaar kwaad word op die reis nie." Die new American standard Bible beskryf dit so; "So he sent his brothers away, and as they departed, he said to them,"Do not quarrel on the journey" with reference for quarrel "agitated".

 Wel wat maak dit saak? Dink ek. Maar soos tyd aanloop begin ek al hoe meer verstaan, die Heilige Gees werk net in eenheid. Ek vra die Meester vir Sy gesindheid. Ek kry so 'n begeerte om die nuwe opstanding gesindheid van Christus te bekom en te ervaar.

Ek kan dit nie self maak. Ek sal besluit, ek gaan nie geirriteerd raak nie, maar met eerste "suster kan ons stop, asb ek het 'n behoefte". Dan smile ek en doen dit maar ek hoogs geirriteerd... ek kon nou al baie verder op die pad gewees het! As ons weer in die motor bid, is ek nie in daardie volkome vryheid en blydskap nie. As ek dan in stilte 'n skiet-gebed opstuur; "Meester vergewe my die liefdeloosheid en onverdraag-saamheid.Gee my U gesindheid". Dan sak volkome Vrede.

Die "self se verloënings" pad eintlik 'n wonderlike pad. Soos jy groei daarin, steur dinge jou nie, en Sy Vrede bly oor jou. Ek het gevind ek moet aanhou daarvoor vra in gebed. Partykeer druip ek eksamen, die Vader bly so getrou; dan moet ek weer in so 'n situasie kom dat ek weer kan oor skryf.

Jakobus 5 vers 9; "Moenie teen mekaar sug nie, broeders, sodat julle nie veroordeel word nie. Kyk die Regter staan voor die deur."

Ek het die volgende op die internet gesien 'Arguments drag out because one is too stubborn to forgive and the other is too proud to apologize'!!

Ons bid terwyl ons ry, vir sake wat onder ons aandag kom.Terwyl ons verby Mooreesburg ry, noem die een suster; " terwyl ons bid, sien ek daardie gewig ankers wat hul afgooi om die boot stabiel te hou in 'n storm. Uis in 'n storm en terwyl u nou saam met ons uittrek op Sy werk, gaan die Meester gewig gee vir daardie anker, dat u bootjie nie omslaan nie."

Later was dit oor en oor bewys dat dit,Wysheid van my Vader was... Groot storms het rond om my,los gebars, terwyl ek nog daar was... maar dankie Meester U anker het my stabiel gehou,in my bootjie!

Ek het rustig in my huisie op die wildsplaas geslaap. Suster Hulp het vroeg oggend geskakel en verneem na my welstand. Sy noem "ai dit voel of suster so vêr van ons." Later jare het ons baie gelag vir ons twee. Van haar dogters het gelag en gesê, "Mamma en die suster is net soos in die boek van Fiela se kind. Baie my soms "Fiela se kind "genoem. Christus se Liefde is groter as enige ras of kultuur of adres!!

Die skoonmaker kom in, terwyl ek met haar praat oor Jesus, noem sy dat sy 'n kind van Jesus is. Sy het gedroom van mense uit die Kaap wat haar gaan ondersteun in gebed. Vinning skakel ek vir suster Hulp. Hulle is vry, ek gaan haal hulle dadelik.

Toe die skoonmakertjie die span sien, bars sy hard uit, amper skreeu. "Dankie Jesus dankie JESUS, dit is net soos hul gelyk het in my droom." Die Heilige Gees se Krag sak neer op ons dankies, al hoe harder, terwyl die trane loop. Ek het nog nooit so iets groots gesien nie.

Hul ken mekaar van geen kant af nie, maar hulle omhels mekaar en prys die Wonderlike Here.

Ek gewaar 'n beklemming in my gemoed, en ek kan nie verstaan hoekom ek nie so opgewonde voel nie. Skielik hoor ek 'n klop aan die deur. Het nooit opgemerk dat die rondawel het 'n dun muurtjie in middel en aan die anderkant is ook mense! Hulle het vining die eienaar geskakel,gekla,oor die geraas. Met groot oë van skrik staan die opsigter daar.In die agtergrond hoor jy net;"dankie Here... dankie Here..." "Mevrou daar is klagtes dat julle raas!" Toe sien sy die skoonmakertjie! "wat maak jy hier? gaan terug na jou werk!" "Mevrou," antwoord sy;"dit is nou my etenstyd."

Ek raak rooi van skaamte,hul het so stadig gemaak en ek weer, was haastig dat ons by haar moet uitkom. Die Meester het geweet dit moet in haar etenstyd wees, anders, kon sy haar werk verloor. Daar besef ek net weer dat ek nog 'n lang pad het om te stap, om soos die Meester te wees.

"Ons vra verskoning, Ons het nie besef dat daar mense om ons is nie." Die bure kyk ons baie vyandig aan, ons lyk seker baie vreemd vir hulle.

Ons kry die skoonmaker se adres, sy gaan aan met haar werk. Die pastoor, van daardie tak reël vir my by 'n gastehuis in die dorp. Nou moet ons nog by die wildsplaas se bestuur verby kom, want ek het vir week bespreek. Hulle lyk so verlig dat ek wil gaan, dat hulle net vir die een nag betaling vra!Dit is ons gebruik om ander mense in ag te neem en nie so oor te neem nie. Ons was nie waaksaam en bedagsaam nie, soos die Skrif noem "nie in selfbeheersing nie." Maar dit het ten goede mee gewerk en ek was nou nog nader aan die dierbares.

Ek ervaar die gastehuis eienaar en gesin ook baie afsydig en agterdogtig, seker omdat ek saam met 'n ander nasie werk. Die les wat ek leer ... Moenie jou aan mense steur, soos suster Hulp sê, "Mense het nie Hemel vir jou nie, ons gaan na Jesus Christus se Hemel, soos die Hemel volgens die Bybel beskryf word." Op hierdie stadium was ek nog baie lewendig in myself.Hul het in 'n groterige huis,tuis gegaan, maar weens die omstandighede daar, is van die ruite stukkend waar hul slaap en die wind was baie koud. Ek gee van my warm klere dat hulle dit bo-oor hulle kan gooi.Soms het die knieë gepyn van die koue. Soggens is sy vol blydskap en sy bedien daardie huisgesin met Jesus se Liefde en ondersteuning. Sy het nooit 'n klag gaan indien van omstandighede waarin sy moes verkeer nie.

"Self se verloëning" was geleef, en ek kon die opstanding Krag in haar lewe sien. Ons word gevra om 'n ouer suster te besoek, haar omstandighede was erg. Haar seun kom pas uit die tronk, sy vrou lewe woes, en behandel haar sleg. Haar dogter val by hulle in en gee haar ook 'n baie moeilike tyd. Die pastoor-moeder saam met ons, sy berispe hulle en praat streng met hulle. Ek neem waar dat hulle niks in neem van wat die Pastoor- vrou sê nie. Dis asof 'n muur tussen hulle en die pastoor vrou is.

Dit kom by my, dat ek hulle voete moet was, en soos ek dit was, moet ek die bose magte en geeste in die lug; wat nou in hulle is, afsny in Jesus Naam, saggies vra ek vir suster Hulp.Moet in die orde van die Woord bly... ek kan nie my eie leiding hier neem nie.

Sy knik met haar kop, vra vir 'n kom water en 'n waslap. In 'n kinderlike gees vra ek vir die man, "mag ek jou voete was?" Hy skrik so groot, hy was nou nog net baie groot in homself, maar hy stem in.

Ek kniel voor hom neer, hy trek sy skoene uit, die Meester se Liefde sak op my,dit is nie meer ek nie, dit is nou die Ewige Vader wat lief is vir die verlore mens.Ek was en bid saggies "Jesus U alleen; U breek hierdie bande". Die volgende oomblik bars hy in trane uit en roep die Here aan om hom te red.

Terwyl suster Hulp en die span vir hom bid en na Jesus toe lei,was, ek die vrou se voete ook, bid dieselfde gebed. Sy bars ook net so in trane uit en roep Jesus aan. Laaste vat ek die dogter, wat baie baie hard en aanvallend voor gekom het. Sy breek ook voor die Krag van die Here.In trane, het hulle al drie vergifnis gevra vir hulle ma. Dit was wonderlik om hulle al drie, die Woensdagaand in die bid-uur te sien.

Hy het 'n pak klere aangehad, sy gelaat se kleur was anders. Dit het vir my gelyk asof hy van binne af uitstraal. Sy vroutjie het net so mooi gelyk en netjies in haar kerk-klere. Die dogter het ook so mooi gelyk. Hulle het volhard op die pad, het later gehoor, hy is 'n paar jaar daarna oorlede.

'n Paar jaar terug, uit die bloute uit, kry ek 'n whatsapp, en weet nie van wie dit is nie. Toe verduidelik suster Hulp vir my dat dit hulle is, haar man is reeds oorlede maar sy is nog op Jesus se weë. Vir maande lank het ek elke dag die wonderlikste boodskappe van haar gekry.

Iets in my het daar wakker geraak, om selfs net een beker water vir 'n kindjie van die Vader te gee, bring grootste blydskap in jou binneste.

Die volgende dag besoek ons 'n jong paartjie wat 'n baba dogtertjie verloor het. Hulle woon in 'n nederige sinkhuisie en raak so 'n dankbaar terwyl ons na die huisie toe stap "Dit is 'n voorreg dat hulle my, van ander nasie, by hulle in laat... alles deur suster Hulp.

Dit is 'n een-vertek huisie, en alles is baie netjies. Die broertjie was vol geloof en vertel hoe hy,paar dae terug,tot die Meester gebid het, "Vader ek wil vandag hoender, aartappel en pampoen vra. U weet hier is nie kos in die huis en ek het nie geld vandag nie, maar U het alles en ek is U seun en ek wil graag 'n lekker bord kos hê vir die hele familie."

Hy vertel verder, daardie dag ry hy met sy fiets dorp toe en niks gebeur nie, dit is al na 1nm. Hy groet 'n ander suster van die kerk, en sy roep hom "broer, ek voel dat ek nou vir broer van my hoender moet gee" Nou kort hy nog die res en die dag stap aan. Later die middag vra iemand vir hom om ń pakkie in die fiets se "Carrier" te laai vir hom. Toe hy dit af laai, gee hy hom R15 (2008). Daarmee kon hy vinnig groente koop,daardie aand eet hul,wat hy sy Vader gevra het. Dit was getuienis wat my ook aanmoedig, daar is niks wat ons Vader nie vir ons kan doen nie.

Nadat die span hulle bemoedig het, vra suster Hulp "Nou broer wat kan ons vanoggend saam met broer vir Jesus vra... wat is op broer se hart?" Die wind waai baie koud deur 'n paar gate in die sinkplate, en ek verwag hy sou vir ten minste 'n paar sinkplate vra of 'n nuwe huis.

Hy antwoord, "ek wil baie graag my drome verstaan, waneer dit van die Vader en wat dit beteken? ek sal ook dankbaar wees as ons weer 'n kindjie kan kry, weer 'n dogtertjie. Ek is dankbaar vir die seuntjie wat ek het."

Ek sit verstom, al wat in my gedagtes kom is "Soek eers die Geregtigheid van die Koninkryk van God, en al die dinge sal vir jou by gevoeg word."

'n Paar jare later kry ek 'n oproep van suster Hoop "kom gou hierheen ek het 'n groot verrassing. Wel, ek het daar aangekom, en hier sit die broer en sy vrou met hulle nuwe baba-dogter. Ek het daar vir hulle genoem dat as die dogtertjie kom moet hulle my tweede naam vir die dogtertjie gee. Hulle het toe so gemaak en hier sit ek nou met haar in my arms. Die Meester het hom so opgelig met 'n goeie werk en hy kon goeie bakkie vir hom koop. Dit kon net Jesus Christus wees.

So het dae verby gevlieg, en ons het baie mense besoek en saam gebid.

Suster Hulp voel dat die gastehuis te duur is, (ek het self betaal), die kerk daar, moet vir my 'n slaapplek gee. Baie senuweeagtig bied een suster 'n kamer in haar huis aan. Haar man was ook baie benoud;" hier was nog nooit 'n "witmens" in die huis nie, wat nog van hier slaap?" Suster Hulp bring hulle in die Waarheid... "suster is 'n kind van Jesus...Soos die Woord noem; *Romeine 12 vers 5; "So is ons almal saam een liggaam in Christus en elkeen apart lede van mekaar."*

Petrus 2 vers 9 "Maar julle is 'n uitverkore geslag 'n koninklike priesterdom 'n heilige volk 'n volk as eiendom verkry om te verkondig die deugde van Hom wat julle uit die duisternis geroep het tot Sy wonderbare Lig" Die Engelse Bybel American standard version: *"BUT YOU ARE A CHOSEN RACE, A ROYAL PRIESTHOOD..."*

OPENBARING 2 vers 7; "WIE 'n OOR HET, LAAT HOM HOOR WAT DIE GEES VIR DIE GEMEENTE SÊ. AAN HOM WAT OORWIN SAL EK GEE OM TE EET VAN DIE BOOM VAN DIE LEWE WAT BINNE IN DIE PARADYS VAN GOD IS"

Ek leer 'n les uit daardie geskiedenis... alle rasse aan beide kante is in Christus 'chosen race.' Iets nuut in Christus!! Dit is iets wat ek moet oorwin en dood leef, in elke gebied van my lewe. Ek dank die Meester dat Hy my goed gevind het om deur hierdie toetse sit. Ons maak daar die deur toe," ek is anders as hulle", waarlik dit was 'n groot toets . Ek moet erken dat ek ongemaklik was. Hulle het 'n nuwe kamer gebou waar alles nog nie klaar was nie, en selfs nuwe beddegoed op die bed gesit, nuwe waslappe, nuwe handdoek...

Terwyl ek my motor daar-in-trek, besef ek die afstand nog groot na "we are one!" Die huis se mense is so ongemaklik, almal is bang om te praat, ons eet in stilte. Ek het min daardie nag geslaap... ek kon hulle ongemaklikheid aanvoel... As Jesus Christus jou nie vry maak, is jy nie vry nie. Aan beide kante,het ons die opgeboude grens mure. Daar besef ek dat ek die Meester moet vertrou vir groter verlossing, baie dae is ek nog die blanke suster en nie die suster in die Here! Soos tyd aan gaan het die Meester volbraagte werk in my gedoen. Later het die Skrif so duidelik geword; dat ek my hart totaal met hulle verenig het. Wel dit was die eerste stap na totale verlossing van voor-op-gestelde idees.

Voor ons vertrek, terug na Kaapstad, leer ek iets wonderliks. Die ouderling kom na elkeen van ons toe, "Suster vergewe waar ek vir u laat struikel het of sleg laat voel.Ons moet in Vrede op die pad gaan."

Oorbluf, kry ek darem uit om te sê, "ek vergewe ouderling waar ek gestruikel het, en vergewe my ook waar ek ouderling laat struikel het." Ek was so dankbaaar dat ek vergifnis kon gee. Ja leser ek was in die Baptiste Bybelskool vir 'n tydperk, ek ken die Pinkster kerke van die Kaap baie goed... ek het orals vriende daar. Nog nooit het ek dit beleef wat ek nou beleef nie; die egte Godheid soos dit in die Bybel geskrywe staan. Maar aan my openbaar die Meester ook die Wysheid.Hulle is waarlik, 'Royal priesthood.' So het ons almal openlik mekaar vergifnis gevra. Goddelike Vrede sak op ons almal.Daar is nie ras wat kan heers in Godheid of wat meer gestudeer het nie.Hier help geen graad of diploma jou nie,dit is ware dissipelskap!Die graad kan nie vir jou hier,die Lewe van Christus gee nie.

Handelinge 12 vers 1; "en toe die dag van pinksterfees aan gebreek het, was hulle almal eendragtig bymekaar."

Toe ons uit die dorp ry, het almal lams-vleis gekoop en ons het nog baie dinge as geskenk gekry, en die motor was baie vol.Ek baie bekommerd. Klein toyota motor gehad. Dit het vir my gevoel, motor is oorlaai.

Net maar in die stilte gebid... Skielik begin suster Hulp bid; "Vader ek dank U vir my suster se nuwe motor, dankie vir engele wat U stuur en die motor op lig en help dra tot in die Kaap. Meester U sien hoe vol is die motortjie nou". Ek skrik so groot,Ja selfs my gedagtes het Meester vir hulle geopenbaar. In grootste blydskap wat ek nog nie geken het, ry ons singende daar weg: "Daar is pinkster in die Hemel ja dit is waar, Daar is pinkster in die Hemel dit is waar". Soos Handelinge 2 vers 4; *"En hulle is almal vervul met die Heilige Gees..."* Ek het dit waarlik in die motor ervaar, ons was in eens gesindheid, Krag en Blydskap soos in die Hemel het ons 'n tikkie daarvan ervaar. Alles van die" koud kry" en die "swaar kry" hier en daar was nou weg. Jesus Christus, deur Sy Gees was nou saam met ons in my motor.

Ek het nie gedink dat dit moontlik is, die nuwe motor. 'n Paar maande daarna kry ek waarlik 'n ekstra bonus en daar is dit moontlik, en ek koop vir my splinter nuwe Citroen. Ek het gesien dat as ek iets nederigs vir my medemens doen dan maak die Vader die hemelse sluise vir my oop.

So het die reise begin in my verlof tye. My man was lief vir visvang so as hy saam met sy vriende gaan, dan gaan vang ek vis vir Jesus. Dit was 'n leer proses vir my aan die voete van 'n gesalfte van die Here.

Ja, ons was 'n paar keer Walvisbaai toe. Eers met die bus en later kere het ons gevlieg, terwille van suster Hulp se gesondheid.

As ons dan daar vertrek, huil die dierbares en omhels ons. Daar het ek gesien wat is ware Liefde in Christus. Orals waar haar gemeente se mense was het ek haar geneem. Wat 'n voorreg!

By geleentheid is ons naby Pletenbergbaai, in 'n vakansie-oord. Vroeg die oggend roep suster Hulp my... ek was reeds wakker, en vra ek moet die ander suster, wakker maak, want ons moet bid. Sy wil egter nog rus, "Suster in die Hemel gaan ons rus... hier moet ons stry, die duiwel word nooit moeg nie; ons kan nie altyd op ons liggame kyk nie, Hy gee Krag en op Sy tyd rus ons. Nou moet suster opstaan, Hy roep ons".

Daar die oggend was diep geheime en planne van die vyand aan ons geopenbaar en ons kon dit afsny in Jesus Naam, dit was grootliks verhoor en ons gered!! Ons moes op staan, later die middag het ons weer gaan rus.

Ons besoek daardie tak en die pastoor het my nog nie ontmoet nie. Hy kyk vir my en dan kyk hy weer na my en toe ek praat, sê hy, "suster Hulp, het vandag vir ons 'n blanke suster gebring?" Sy het baie "boldness" van die Here gehad, as dit by Sy waarheid kom.Sy antwoord;"pastoor ,sy is net 'n kind van die Here"

By geleentheid besoek ons ander tak.die leier daar,vertel my dat dit vir hom ook moeilik was,om my volkome te aanvaar.Hy was selfs in tronk,by geleentheid,in die vroëer jare,van apartheid.

Die Meester het my lieflike vrede en baie liefde gegee om hulle te verdra,en hul vir my. Ons het weer oor die Woord gesels, van vergifnis eenheid in die Gees, ensovoorts. Dit was vir baie, ook 'n toets om my tussen hulle op te neem. Baie dierbares was openlik agterdogtig. Het ek dan nie 'n kerk in my gebied nie? Hoekom val ek dan nou by hulle in? Telkemale het ek net my getuienis gegee. Dat die Here my 'n opdrag gegee het met die Woord,soos ek reeds genoem het "en jy moet jou hart volkome met hulle verenig"Deur die jare het ons baie liefde vir mekaar gekry, in Jesus.Baie kere saam met sy gesin geskater lag,oor dinge.

In alle eerlikheid, daar was tye wat ek nie kon verstaan. Ek is die enigste van my nasie in die bediening. Maar as ek sien hoe leef hulle die Bybel prakties uit en hoe hulle vir geen duiwelse mag terug staan nie, want hul fyn en goed opgelei deur die Meester in Sy Krag alleen, dan verstaan ek.

1 Koning 10 vers 4. *"Toe die Koningin van Skeba dan al die wysheid van Salomo sien en in die huis wat hy gebou het en die voedsel van sy tafel en hoe sy dienaars sit en sy bediendes staan, en hul klere en sy skinkers en sy trap waarmee hy opklim in die huis van die Here, was daar geen gees in haar meer."*

17 DIE SON SAK VIR SR HULP...

Ja, suster Hulp het ouer geraak, ons eenheid in Christus het oor twintig jaar gegroei tot 'n totale eenheid." Suster moet tog 'n boek skryf oor hoe ons as twee nasies een mens geword het in Christus. Die groot werk wat Christus kan doen oor die nasies heen." Ek wou die boek noem 'as bruin en donkerder bruin, wit, spierwit in Hom'... maar die minder perfekte staan té hoog uit.

Ek is in Plettenbergbaai by die mooiste bly plek op die see. Dit dring tot my deur dat suster Hulp se tyd op aarde amper verby. Benoudheid sak oor my, dat dit voel my bors trek toe. Ons en sustertjie wat by sr Hulp bly, doen nou alles saam. Hierdie was die eerste keer in baie jare dat ek sonder hulle wegbreek. Dit was nou al jare lank wat my man ook nie meer saam met my op wegbreke gaan.

Sondae na die diens eet ons saam en daarna bid ons, voor ons 'n bietjie gaan slaap voor die aand-diens. Ek bly sommer daar en slaap agter haar- of die ander suster se rug. Ons is nou al een gesin. Vrydagaande bid ons saam, elke af dag is ek by suster Hulp. Eendag besluit ek om sonder haar, bietjie na die see te ry. Ek raak so onrustig. Ek stop en vra die Meester wat is fout?

Ek maak die Woord oop by *Matthews 26 verse 11*. *"You will always have the poor people with you, but you will not always have Me. What she did was to pour this perfume on My body to get me ready for burial."*

Ek besef ek moet elke oomblik met suster Hulp deur bring, want ek gaan nie altyd vir haar hier hê nie. Ek was so bly dat ek die tyd uitgekoop het... elke oomblik wat ek nie by die werk was nie, was ons saam. Baie kere besig met die werk van die Here.

Vandag dra die Here, en dit wat sy by die Meester geleer het, my deur. Vandag is ek besig in die akker van die Here en besef hoekom ek my tyd daar moes spandeer, want ek moes alles leer wat ek moontlik kon.

Nou sit ek in Plettenbergbaai en weet nie hoe gaan ek sonder haar hierdie aardse lewe kan leef, nie. Terwyl ek so benoud daar sit, vlieg twee mossies, by venster in en sit op die mat. Ek was in so diepe stryd oor toekoms, dat ek bewegingloos gesit het. Na 'n rukkie, toe vlieg hulle weer uit. Daar kry ek toe my antwoord by die Vader van die heelal; "My kind; soos ek na die Mossies kyk, gaan ek na jou kyk!" Die Vrede van die Here sak oor my uit, al die paniek is weg en ek sien kans vir toekoms. As die Vader se soet stem oor jou vloei is jy onmiddellik verlos van alle kommer.

Haar toestand versleg vinnig en sy kry 'n droom dat sy huis toe gaan. Ek is so getroos; daar is geen hartseer in my nie. Terwyl ons alleen in die kamer vra ek; "Moeder is dit normaal ? Ek huil niks oor moeder weggaan nie... ek het so 'n rustigheid in my." sy antwoord; "My dierbare suster in die Here, dit is soos dit moet wees, dit is die Trooster... die Heilige Gees. Dit gaan nie voel of ek weg is nie, nee... net asof ek op ander plek is. Ek het die boodskap by die Vader gekry as suster in hierdie kinderlikheid gaan bly, gaan suster verbaas wees wat die Here deur u gaan doen." Moeder vra ek "hoe het die droom ge-eindig, hoe het moeder uit die motor gekom?" sy antwoord "Ek het uit die motor verdwyn en vir suster gesê, nou kan suster aanstap, ons is bo- op die berg." 'n Paar dae daarna stap sy oor na haar ewige tuiste, en ek glo die engele het haar ingedra."

18 OPSOMMING

Ek het 'n ongelooflike lewe in Christus. Soos ek my man kon afgee en geen druk op hom sit, het die Here Jesus my opgetel in Sy arms. Deure het vir my oop, gegaan en ek reis orals en gee my getuie af om ander te versterk met SY hulp in hulle stryd. Ek het net twee visse en vyf brode, maar in Jesus se hande voed dit die skare.

Spreuke 14 vers 25; *"'n Betroubare getuie red lewens."*

Soveel kere, wat ek by groepe getuig, pleit ek by die Heilige Gees, "Neem U hierdie getuie of lei my na 'n getuie vanaand wat 'n lewe kan red." En, om 'n voorbeeld te noem... Ek het die voorreg om jong dogters wat hulself oppas voor die huwelik, te bemoedig. Daardie aand vertel ek "ek staan nou die dag voor die stoof, terwyl die wors bak, en ek kyk... ek het water in die pan gegooi.Ek sien dat die olie en die water nie kan meng nie... die olie dryf net bo-op maar hulle kan nie saam smelt nie." Ek vertel verder dat ek by suster Hulp kom ,en ek noem dit vir haar.Dit is soos my man wat nie die Here dien en ek wat dit wel doen... ons is water en olie. Daar is net nie eenheid nie. Sy noem vir my "suster dit is die waarheid. Dit is moontlik die Heilige Gees se stem. Selfs gelowiges wat buite die wil van die Vader getroud is, kan nooit in daardie diepe eenheid kom soos Christus dit bedoel het nie. Soos olie en water opmekaar dryf, smelt hul nooit saam en word nie een soos Jesus dit ingestel het. Na my man bekeer het, het ons in daardie eenheid gelewe... nie vleeslik nie, maar Geestelik, ons sal dieselfde skrifte kry terwyl ons nie bymekaar is nie en ons sal dieselfde dinge dink ensovoorts." Die een dogter hang aan my lippe... dit is asof elke woord by haar indring.

'n Paar weke daarna, stuur sy vir my 'n SMS: "Suster ek het nou u nommer gekry en wil net noem dat daardie getuie my lewe gered het van 'n groot fout. Ek was verloof en die trou-datum was al bepaal en die saal was al gehuur. Maar daardie aand het ek besef al is hy ook 'n gelowige, dit is wat ek gemis het, daardie eenheid. Ek het die troue dadelik afgestel. Baie baie dankie."

Jesaje 40 vers 11; "Hy sal sy kudde laat wei soos 'n herder; Hy sal die lammers IN SY ARM BYMEKAAR MAAK EN AAN SY BORS DRA; DIE LAMMER- OOIE SAL HY SAGGIES LEI"...

Die Here het die onvolmaakte ek gevat, en my gewillig gemaak om my te laat verander. Soos die pastoor op Knysna verlede week genoem het. Hy is die bestuurder by die hout fabriek, en hy vertel hoe jy 'n houtstomp saag, en stukke af kap om 'n stoel te maak. Ja Meester so moes ek U toelaat om stukke af te kap van die ou ek wat net vir myself geleef het. Vandag deur Sy groot genade kan moeë sielle op my stoel sit, en bietjie van Jesus se Troos ervaar.Die pad het ook groot seën gebring, want as ek net toegelaat het dat die Meester my 'n stomp van die boom gemaak het, kon mense op my sit, maar 'n stoel gee soveel MEER VERTROOSTING.

Leser dit was lang pad en harde pad, die pad van ongehoorsaamheid, maar Sy Liefde het my kom haal. Al die jare as ek vir die Meester gevra het om my lewensmaat vir my te stuur het ek Jesaje 54 vers 5. gekry: *"Want kyk jou Maker is jou Man; Here van die leërskare is Sy Naam; en die Heilige van Israel is jou Verlosser Hy sal die God van die hele aarde genoem word".*Daar was tye vir jare lank wat ek dit net aanvaar het en dan was ek in groot blydskap, en het wonderlike tye saam met die Meester gehad...As ek na Hom geluister het, sou ek niks van hierdie dinge ervaar het nie!Ek het my eie ding gedoen soos wat ek dit wou gehad het, tog het ek nooit 'n man gehad nie. Die Vader het alles geweet.

Ek hoor nou nog my pa se woorde in my ore: "Sussie jy kan nie gaan trou, jy is te lief vir reis".Dit is Christus se Woorde gewees! Deur Sy genade is ek vandag 'n reisiger vir Jesus.

Ek kom nou pas van verlof af. Ek was bevoorreg om in Velddrif, Weskus vir Sy Naam te werk. Ek was slegs een dag by my huis, wasgoed gewas, en toe val ek in die pad na Montague, Ladysmith, George, Knysna en Plettenbergbaai om te arbei vir Hom, wat my weer 'n kans gegee het. Net Hy kan sien hoe gelukkig en dankbaar ek is, om weer met Hom te wandel. 'What a Mighty God of restoration we serve!!'

DIE ONVOLMAAKTE EK EN DIE VOLMAAKTE VADER!!

Ja, in Jesus Christus, stap ek nou aan, bo-op die berg...

Soos suster Hulp geprofeteer het, met hulp van die Here, hou die Here my in Sy nederigheid, soms deur omstandighede, soms deur foute. Die Meester hou my total afhanklik van Hom.

Alle eer aan die Here!

www.ingramcontent.com/pod-product-compliance
Lightning Source LLC
Chambersburg PA
CBHW070207100426
42743CB00013B/3090